BIBLIOTHÈQUE DES SCIENCES MORALES ET

CATÉCHISME
D'ÉCONOMIE POLITIQUE

ou

INSTRUCTION FAMILIÈRE

QUI MONTRE DE QUELLE FAÇON LES RICHESSES SONT PRODUITES
DISTRIBUÉES ET CONSOMMÉES DANS LA SOCIÉTÉ

PAR J.-B. SAY

———

SIXIÈME ÉDITION

AVEC DES NOTES

DE CH. COMTE ET DE M. JOSEPH GARNIER

Membres de l'Institut.

———

PARIS

GUILLAUMIN ET Cⁱᵉ, LIBRAIRES

Éditeurs du Journal des Économistes, de la Collection des principaux Économistes,
du Dictionnaire de l'Économie politique, du Dictionnaire de Commerce
et de la Navigation, etc.

RUE RICHELIEU, 14

CATÉCHISME

D'ÉCONOMIE POLITIQUE

SAINT-DENIS. — IMPRIMERIE CH. LAMBERT, 17, RUE DE PARIS.

CATÉCHISME
D'ÉCONOMIE POLITIQUE

ou

INSTRUCTION FAMILIÈRE

QUI MONTRE DE QUELLE FAÇON LES RICHESSES SONT PRODUITES
DISTRIBUÉES ET CONSOMMÉES DANS LA SOCIÉTÉ

PAR J.-B. SAY

———

SIXIÈME ÉDITION

AVEC DES NOTES

DE CH. COMTE ET DE M. JOSEPH GARNIER

Membres de l'Institut.

PARIS

LIBRAIRIE GUILLAUMIN ET Cie

Éditeurs du Journal des Économistes, de la Collection des principaux Économistes,
du Dictionnaire de l'Économie politique, du Dictionnaire du Commerce
et de la Navigation, etc.

RUE RICHELIEU, 14

—

1881

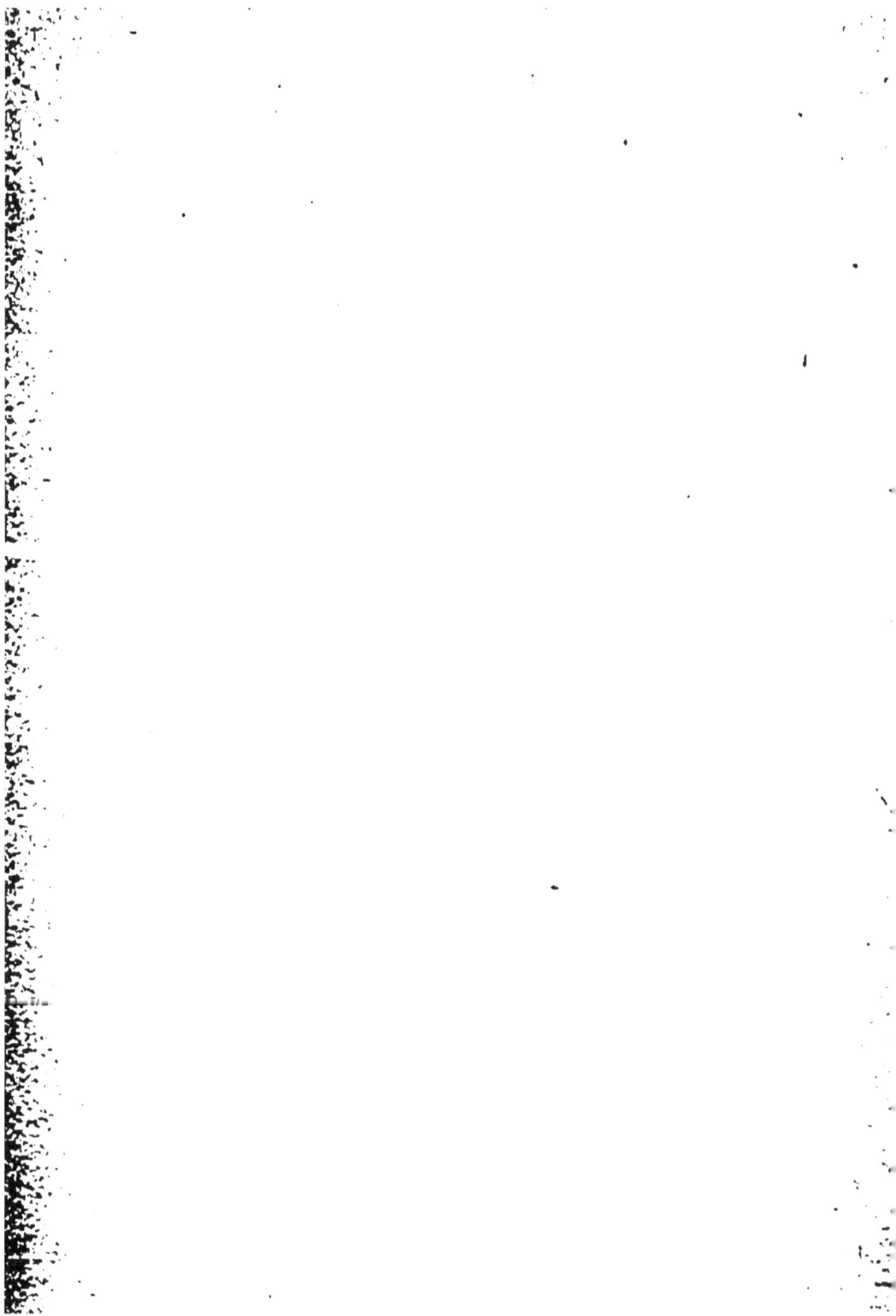

PRÉFACE

DE LA SIXIÈME ÉDITION

———

Il ne faudrait pas s'attendre à trouver sous ce titre de *Catéchisme* des notions à la portée de l'enfance ; le sujet ne le comporte pas. Ce petit livre, remarquablement clair et écrit avec le plus grand soin, s'adresse à la jeunesse intelligente et à ceux qui savent déjà et qui veulent connaître comment un des fondateurs de la science en exposait, il y a plus d'un demi siècle, « les principes les plus importants et les plus usuels » ; ce sont ses propres expressions.

Dans cette sixième édition [1], que nous publions

[1] La première a paru en 1815, in-12 ; — la deuxième en 1822, in-12 ; — la troisième en 1826, in-12 ; — la quatrième en 1835, in-18, avec des notes de Ch. Comte ; — la cinquième en 1848, dans le 3ᵉ volume des Œuvres de J.-B. Say, faisant partie de la *Collection des principaux économistes* de Guillaumin.

a.

en vue de l'enseignement, nous omettons les Notes finales ajoutées par l'auteur à propos des discussions qui s'étaient produites de son temps, parce qu'il a dit lui-même : Ces notes ne sont pas destinées aux commençants ». « Elles se confondent en partie avec un *Epitome* alphabétique des définitions terminant le Traité. Nous avons fait exception pour la note relative aux lois sur l'Usure, que nous plaçons à la fin du vingt-deuxième chapitre.

Pour les notes courantes, nous avons conservé avec celles de l'auteur, celles de Charles Comte qui nous ont paru encore utiles, et nous nous sommes borné à y ajouter un petit nombre d'explications.

JOSEPH GARNIER.

AVERTISSEMENT DE L'AUTEUR

POUR LA TROISIÈME ÉDITION

L'ÉCONOMIE politique n'est pas la politique ; elle ne s'occupe point de la distribution ni de la balance des pouvoirs, mais elle fait connaître l'économie de la société ; elle nous dit comment les nations se procurent ce qui les fait subsister. Or, comme c'est aux efforts des particuliers que ces choses sont dues, comme ce sont principalement les particuliers qui jouissent de l'aisance générale qui en est la suite, on ne doit pas considérer l'économie politique comme l'affaire des hommes d'État exclusivement ; elle est l'affaire de tout le monde.

On ne peut pas espérer, néanmoins, que chaque citoyen soit versé dans cette science. Tout le monde ne peut pas tout savoir ; mais il est très possible et très désirable que l'on acquière une teinture générale de ce genre de connaissance et qu'on n'ait d'idées fausses sur rien, particulièrement sur les choses que l'on est intéressé à bien connaître.

Tel fut mon motif pour composer, il y a quelques années, sous le nom de Catéchisme, une instruction familière destinée à rendre communes les principales vérités de l'économie politique ; je voulais que l'on pût y être initié en dépensant si peu d'attention, de temps et d'argent, qu'il fût honteux de les ignorer. Mais on sait combien il est difficile de faire un bon ouvrage élémentaire et d'être clair sans appeler à son secours les développements, les exemples et les preuves qui présentent chaque objet sous toutes ses faces et dans tout son jour. Je ne fus point satisfait de cet Abrégé, et ce fut avec un vrai regret que je le vis traduit en anglais, en allemand, en espagnol, en italien, avant que je fusse parvenu à le rendre moins indigne de cet honneur; j'empêchai du moins qu'il fût réimprimé en français quand la première édition s'en trouva épuisée, et j'attendis, pour en donner une seconde, d'avoir pu le refondre entièrement; je le rendis beaucoup plus clair; je profitai de quelques critiques judicieuses, et j'y fis entrer quelques principes qui n'ont été solidement établis que depuis sa première publication.

De nouvelles corrections et plusieurs augmentations rendent cette troisième édition moins imparfaite encore, et de nouveaux motifs se sont offerts pour étudier, suivant les nouvelles méthodes, l'économie des sociétés. L'opinion publique, en tous pays, a fait des pas immenses ; les intérêts nationaux, presque partout, ont été mieux entendus et plus généralement réclamés. Les nouvelles républiques américaines ont cherché à connaître les seules bases solides de l'édifice social. Le ministère britannique est enfin sorti des routines de la vieille diplomatie et du système exclusif qui a ralenti pendant un siècle les progrès du genre humain [1]. Des capitaux considérables ont cessé d'être dévorés par la guerre et ont reflué vers des emplois utiles [2]. Les routes d'une ambition dévastatrice fermées à la jeunesse, elle s'est jetée avec ardeur dans la carrière de l'industrie. Mais les jeunes gens, au sortir de leurs études, se sont aperçus que l'économie politique aurait dû en faire partie ; elle supplée à l'expérience, et quand on

[1] On sait que le système exclusif est celui qui soutient que la prospérité d'une nation ne saurait avoir lieu qu'aux dépens de celle des autres nations. C'est cette fausse notion qui a causé la plupart des guerres ; et c'est un grand triomphe de l'économie politique que d'être parvenue à démontrer que chaque peuple, au contraire, est intéressé aux progrès de tous les autres. Lorsque cette vérité sera généralement répandue, le germe des rivalités sanglantes ne subsistera plus.

[2] L'auteur écrivait en 1826.

est sur le point d'occuper une place dans la société, on sent la nécessité de connaître l'ensemble de ce vaste et curieux mécanisme. Parmi les hommes d'État, les jurisconsultes, les écrivains, les commerçants, ceux qui occupent le premier rang n'ont pas voulu demeurer étrangers aux premiers principes d'une science où une analyse rigoureuse a conduit à la certitude sur tous les points essentiels ; malheureusement, au milieu du tourbillon du monde et des affaires, on n'a plus assez de loisir pour se livrer à une étude de longue haleine ; ils ont cherché un résumé qu'ils pussent lire sans fatigue, et qui cependant offrit des bases sûres pour résoudre les plus importantes questions.

Mais quel droit a celui-ci à leur confiance? Un auteur qui n'expose pas des vérités au nom d'une autorité reconnue, doit prouver qu'il a raison ; or, comment établir ces preuves dans un petit nombre de pages, et lorsqu'on est en même temps jaloux de se faire entendre des esprits les moins exercés? Il est donc bien nécessaire que les lecteurs qui ne trouveraient pas assez de motifs de conviction dans ce petit livre, aient recours à un ouvrage plus considérable¹ que j'ai constamment corrigé, et auquel il

---

¹ Le *Traité d'Économie politique*, ou simple exposition de la manière dont se forment, se distribuent et se consomment les richesses.

m'est permis de croire que le public a donné son
approbation, puisqu'il a subi l'épreuve de quatre
éditions nombreuses et épuisées [1], et qu'après avoir
été traduit dans toutes les langues de l'Europe, il est
adopté dans l'enseignement de l'économie politique
partout où cette science est professée [2].

Je sais que quelques têtes nébuleuses s'efforcent
encore tous les jours de répandre du louche sur des
sujets qu'elles sont incapables de concevoir nette-
ment. Elles obscurcissent une question pour se
donner le droit de dire qu'elle n'est point encore
éclaircie. On doit peu s'en inquiéter; c'est l'épreuve
indispensable que doit subir toute vérité. Au bout
d'un certain temps, le bon sens du public fait justice
des opinions qui n'ont pour appui que de vieilles
habitudes, ou les illusions de l'amour-propre, ou les
sophismes de l'intérêt personnel ; et la vérité reste.

D'un autre côté, certains écrivains, capables de
travailler utilement à la diffusion des lumières, s'occupent à fabriquer des systèmes où il n'y a rien à
apprendre et des dissertations dogmatiques qui ne
prouvent autre chose que la facilité d'avoir une

[1] La cinquième a paru en 1826.

[2] Relativement à quelques doctrines plus nouvelles, ou qui ont été
contestées par des auteurs dont l'opinion est de quelque poids, j'ai
cru devoir les développer dans des notes et les appuyer de preuves
dont les esprits bien faits ne peuvent jamais se passer.

opinion en économie politique, et la difficulté de lier les principes dont se compose cette science. On veut paraître avoir dépassé les éléments, et l'on se jette dans des controverses qui découvrent qu'on ne les possède pas bien. On remplace l'exposition des faits par des arguments, s'imaginant qu'il est possible d'arriver à des résultats importants avant d'avoir bien posé les questions. On oublie que la vraie science, en chaque genre, ne se compose pas d'opinions, mais de la *connaissance de ce qui est.*

En économie politique, comme dans toutes les sciences, la partie vraiment utile, celle qui est susceptible des applications les plus importantes, ce sont les éléments. C'est la théorie du levier, du plan incliné, qui a mis la nature entière à la disposition de l'homme; c'est celle des échanges et des débouchés qui changera la politique du monde. Le temps des systèmes est passé, celui des vagues théories également. Le lecteur se défie de ce qu'il n'entend pas, et ne tient pour solides que les principes qui résultent immédiatement de la nature des choses consciencieusement observées, et qui se trouvent, dans tous les temps, être applicables à la vie réelle.

J.-B. Say.

CATÉCHISME

D'ECONOMIE POLITIQUE

I

CHAPITRE PREMIER.

De quoi se composent les Richesses, et ce que
c'est que la Valeur.

Que nous enseigne l'économie politique ?

Elle nous enseigne comment les richesses sont
produites, distribuées et consommées dans la société[1].

---

[1] La *société* est l'ensemble des individus et des familles qui entre-
tiennent entre eux des relations pacifiques. La grande société
humaine se divise en plusieurs sociétés séparées par divers acci-
dents, tels que des chaînes de montagnes, des mers, des gouvernements différents ; on nomme ces sociétés particulières des *nations*.

Qu'entendez vous par ce mot les « RICHESSES? »

On peut étendre la signification de ce mot à tous les biens dont il est permis à l'homme de jouir ; et sous ce rapport la santé, la gaîté, sont des richesses. Mais les seules richesses dont il est question en économie politique, se composent des choses que l'on possède et qui ont une valeur reconnue. Une terre, une maison, un meuble, des étoffes, des provisions, des monnaies d'or et d'argent, sont des portions de richesse. Chaque personne ou chaque famille possède une quantité plus ou moins grande de chacune de ces choses; leurs valeurs réunies composent sa fortune. L'ensemble des fortunes particulières compose la fortune de la Nation, la *richesse nationale*.

Pour que les choses que vous avez désignées comme des richesses méritent ce nom, ne faut-il pas qu'elles soient réunies en certaine quantité?

Suivant l'usage ordinaire, on n'appelle riches que les personnes qui possèdent beaucoup de biens ; mais lorsqu'il s'agit d'étudier comment les richesses se forment, se distribuent et se consomment, on nomme également des richesses les choses qui méritent ce nom, qu'il y en ait beaucoup ou peu, de même qu'un grain de blé est du blé, aussi bien qu'un boisseau rempli de cette denrée.

Comment peut-on faire la comparaison de la somme de richesses renfermée en différents objets ?

En comparant leur valeur. Une livre de café est, en France, au temps où nous vivons, pour celui qui la possède, une richesse plus grande qu'une livre de riz, parce qu'elle vaut davantage.

Comment se mesure leur valeur ?

En la comparant aux différentes quantités d'un même objet qu'il est possible, dans un échange, d'acquérir par leur moyen. Ainsi, un cheval que son maître peut, au moment qu'il le voudra, échanger contre vingt pièces d'or, est une portion de richesse double de celle qui est contenue dans une vache qu'on ne pourra vendre que dix pièces d'or.

Pourquoi évalue-t-on plutôt les choses par la quantité de monnaie qu'elles peuvent procurer, que par toute autre quantité ?

Parce qu'en raison de l'usage que nous faisons journellement de la monnaie, sa valeur nous est mieux connue que celle de la plupart des autres objets ; nous savons mieux ce que l'on peut acquérir pour deux cents francs, que ce que l'on peut obtenir en échange de dix hectolitres de blé, quoique au cours du jour ces deux valeurs puissent être parfaitement égales et, par conséquent, composer deux richesses pareilles [1].

Est-ce une chose possible que de créer de la richesse ?

Oui, puisqu'il suffit pour cela de créer de la valeur, ou d'augmenter la valeur qui se trouve déjà dans les choses que l'on possède.

Comment donne-t-on de la valeur à un objet ?

En lui donnant une utilité qu'il n'avait pas.

Comment augmente-on la valeur que les choses ont déjà ?

En augmentant le degré d'utilité qui s'y trouvait quand on les a acquises.

---

[1] Ce qui nous porte surtout à évaluer les choses en monnaie, c'est qu'il n'y a point de marchandises dont la conservation soit plus facile et dont on puisse se défaire plus aisément en l'échangeant contre d'autres marchandises. CH. C.—Voy. ch. XII, De la *Monnaie*.

CHAPITRE II.

Ce que c'est que l'Utilité, et en quoi consiste la Production des Richesses.

Qu'entendez-vous par l'utilité ?

J'entends cette qualité qu'ont certaines choses de pouvoir nous servir, de quelque manière que ce soit.

Pourquoi l'utilité d'une chose fait-elle que cette chose a de la valeur ?

Parce que l'utilité qu'elle a la rend désirable et porte les hommes à faire un sacrifice pour la posséder. On ne donne rien pour avoir ce qui n'est bon à rien ; mais on donne une certaine quantité de choses que l'on possède (une certaine quantité de pièces d'argent, par exemple) pour obtenir la chose dont on éprouve le besoin. C'est ce qui fait sa valeur.

Cependant, il y a des choses qui ont de la valeur et qui n'ont pas d'utilité, comme une bague au doigt, une fleur artificielle ?

Vous n'entrevoyez pas l'utilité de ces choses, parce

que vous n'appelez *utile* que ce qui l'est aux yeux de
la raison, tandis qu'il faut entendre par ce mot tout
ce qui est propre à satisfaire les besoins, les désirs
de l'homme tel qu'il est. Or, sa vanité et ses pas-
sions font quelquefois naître en lui des besoins aussi
impérieux que la faim. Lui seul est juge de l'importance que les choses ont pour lui et du besoin qu'il
en a. Nous n'en pouvons juger que par le prix qu'il
y met; pour nous, la valeur des choses est la seule
mesure de l'utilité qu'elles ont pour l'homme. Il
doit donc nous suffire de leur donner de l'utilité *à
ses yeux*, pour leur donner de la valeur.

*L'utilité est donc différente selon les lieux et selon les
circonstances?*

Sans doute; un poêle est utile en Suède, ce qui
fait qu'il a une valeur dans ce pays-là; mais en Italie
il n'en a aucune, parce qu'on ne s'y sert jamais de
poêle. Un éventail, au contraire, a une valeur en
Italie, et n'en a point chez les Lapons, où l'on n'en
sent pas le besoin.

L'utilité des choses varie de même dans un même
pays selon les époques et selon les coutumes de ce
pays. En France, on ne se servait pas de chemises
autrefois, et celui qui en aurait fabriqué n'aurait
peut-être pas réussi à en faire acheter une seule;

aujourd'hui, dans ce même pays, on vend des millions de chemises.

La valeur est-elle toujours proportionnée à l'utilité des choses?

Non, mais elle est proportionnée à l'utilité qu'on leur a donnée.

Expliquez-vous par un exemple.

Je suppose qu'une femme ait filé et tricoté une camisole de laine qui lui ait coûté quatre journées de travail; son temps et sa peine étant une espèce de prix qu'elle a payé pour avoir en sa possession cette camisole, elle ne peut la donner pour rien, sans faire une perte qu'elle aura soin d'éviter. En conséquence, on ne trouvera pas à se procurer des camisoles de laine, sans les payer un prix équivalant au sacrifice que cette femme aura fait.

L'eau, par une raison contraire, n'aura point de valeur au bord d'une rivière, parce que la personne qui l'acquiert pour rien, peut la donner pour rien; et en supposant qu'elle voulût la faire payer à celui qui en manque, ce dernier, plutôt que de faire le moindre sacrifice pour l'acquérir, se baisserait pour en prendre.

C'est ainsi qu'une utilité communiquée à une chose lui donne une valeur, et qu'une utilité qui ne lui a pas été communiquée ne lui en donne point.

*N'y a-t-il pas des objets qui ne sont capables de satis-
faire immédiatement aucun besoin, et qui cependant
ont une valeur?*

Oui ; les fourrages ne peuvent immédiatement satisfaire aucun des besoins de l'homme, mais ils peuvent engraisser des bestiaux qui serviront à notre
nourriture. Les drogues de teinture ne peuvent immédiatement servir ni d'aliment, ni d'ornement,
mais elles peuvent servir à embellir les étoffes qui
nous vêtiront. Ces choses ont une utilité indirecte ;
cette utilité les fait rechercher par d'autres producteurs, qui les emploieront pour augmenter l'utilité
de leurs produits ; telle est la source de leur valeur.

*Pourquoi un contrat de rente, un effet de commerce,
ont-ils de la valeur, quoiqu'ils ne puissent satisfaire
aucun besoin?*

Parce qu'ils ont de même une utilité indirecte,
celle de procurer des choses qui seront immédiatement utiles. Si un effet de commerce ne devait pas
être acquitté, ou s'il était acquitté en une monnaie
incapable d'acheter des objets propres à satisfaire les
besoins de l'homme, il n'aurait aucune valeur. Il ne
suffit donc pas de créer des effets de commerce pour
créer de la valeur ; il faut créer la chose qui fait
toute la valeur de l'effet de commerce ; ou plutôt il
faut créer l'utilité qui fait la valeur de cette chose.

Les choses auxquelles on a donné de la valeur ne prennent-elles pas un nom particulier ?

Quand on les considère sous le rapport de la possibilité qu'elles confèrent à leur possesseur d'acquérir d'autres choses en échange, on les appelle des *valeurs*; quand on les considère sous le rapport de la quantité de besoins qu'elles peuvent satisfaire, on les appelle des *produits*. Produire, c'est donner de la valeur aux choses en leur donnant de l'utilité; et l'action d'où résulte un produit se nomme Production.

CHAPITRE III.

De l'Industrie.

Vous m'avez dit que produire c'était donner de l'utilité aux choses ; comment donne-t-on de l'utilité ? comment produit-on ?

D'une infinité de manières ; mais, pour notre commodité, nous pouvons ranger en trois classes toutes les manières de produire.

1.

Quelle est la première manière dont on produit ?

C'est en recueillant les choses que la nature prend soin de créer, soit qu'on ne se soit mêlé en rien du travail de la nature, comme lorsqu'on pêche des poissons, ou qu'on extrait des minéraux de la terre ; soit qu'on ait, par la culture et par des semences, dirigé et favorisé le travail de la nature. Tous ces travaux se ressemblent par leur objet. On leur donne le nom d'*industrie agricole*, ou d'*agriculture*.

Quelle utilité communique à une chose celui qui la trouve toute faite, comme le pêcheur qui prend un poisson, le mineur qui ramasse des minéraux ?

Il la met en position de pouvoir servir à la satisfaction de nos besoins. Le poisson dans la mer n'est d'aucune utilité pour moi. Du moment qu'il est transporté à la poissonnerie, je peux l'acquérir et en faire usage ; de là vient la valeur qu'il a, valeur créée par l'industrie du pêcheur. De même, la houille a beau exister dans le sein de la terre, elle n'est là d'aucune utilité pour me chauffer, pour amollir le fer d'une forge ; c'est l'industrie du mineur qui la rend propre à ces usages, en l'extrayant par le moyen de ses puits, de ses galeries, de ses roues. Il crée, en la tirant de terre, toute la valeur qu'elle a une fois tirée.

Comment le cultivateur crée-t il de la valeur ?

Les matières dont se compose un sac de blé ne sont pas tirées du néant ; elles existaient avant que le blé ne fût blé ; elles étaient répandues dans la terre, dans l'eau, dans l'air, et n'y avaient aucune utilité et, par conséquent, aucune valeur. L'industrie du cultivateur, en s'y prenant de manière que ces diverses matières se soient réunies sous la forme d'abord d'un grain, ensuite d'un sac de blé, a créé la valeur qu'elles n'avaient pas. Il en est de même de tous les autres produits agricoles.

Quelle est la seconde manière dont on produit ?

C'est en donnant aux produits d'une autre industrie une valeur plus grande par les transformations qu'on leur fait subir. Le mineur procure le métal dont une boucle, est faite ; mais une boucle faite vaut plus que le métal qui y est employé. La valeur de la boucle pardessus celle du métal, est une valeur produite, et la boucle est un produit de deux industries : celle du mineur et celle du fabricant. Celle-ci se nomme *industrie manufacturière.*

Quels travaux embrasse l'industrie manufacturière ?

Elle s'étend depuis les plus simples façons, comme celle que donne un grossier artisan villageois à une

paire de sabots, jusqu'aux façons les plus recher-
chées, comme celle d'nn bijou, et depuis les travaux
qui s'exécutent dans l'échoppe d'un savetier, jusqu'à
ceux qui occupent plusieurs centaines d'ouvriers
dans une vaste manufacture.

Quelle est la troisième manière dont on produit?

On produit encore en achetant un produit dans
un lieu où il a moins de valeur, et en le transportant
dans un lieu où il en a davantage. C'est ce qu'exécute l'*industrie commerciale.*

*Comment l'industrie commerciale produit-elle de
l'utilité, puisqu'elle ne change rien au fonds ni à la
forme d'un produit, et qu'elle le revend tel qu'elle l'a
acheté ?*

Elle agit comme le pêcheur de poissons dont nous
avons parlé, elle prend un produit dans le lieu où
l'on ne peut pas en faire usage, dans le lieu du moins
où ses usages sont moins étendus, moins précieux,
pour le transporter aux lieux où ils le sont davantage,
où sa production est moins facile, moins abondante,
plus chère. Le bois de chauffage et de charpente
est d'un usage et, par conséquent, d'une utilité
très bornée dans les hautes montagnes, où il excède
tellement le besoin qu'on en a, qu'on le laisse quelquefois pourrir sur place; mais le même bois sert à

des usages très variés et très étendus lorsqu'il est
transporté dans une ville. Les cuirs de bœuf ont peu
de valeur dans l'Amérique méridionale, où l'on
trouve beaucoup de bœufs sauvages ; les mêmes
cuirs ont une grande valeur en Europe, où la nourriture des bœufs est dispendieuse et les usages
qu'on fait des cuirs bien plus multipliés. L'industrie
commerciale, en les apportant, augmente leur valeur
de toute la différence qui se trouve entre leur prix
à Buenos-Ayres et leur prix en Europe.

*Que comprend-on sous le nom d'industrie commer-
ciale ?*

Toute espèce d'industrie qui prend un produit
dans un endroit pour le transporter dans un autre
endroit où il est plus précieux, et qui le met ainsi à
la portée de ceux qui en ont besoin. On y comprend
aussi, par analogie, l'industrie qui, en détaillant un
produit, le met à la portée des plus petits consommateurs. Ainsi, l'épicier qui achète des marchandises en gros pour les revendre en détail dans la
même ville, le boucher qui achète les bestiaux sur
pieds pour les revendre pièce à pièce, exercent
l'industrie commerciale ou le *commerce*.

*N'y a-t-il pas de grands rapports entre toutes ces
diverses manières de produire ?*

Les plus grands. Elles consistent toutes à prendre

un produit dans un état, et à le rendre dans un autre où il a plus d'utilité et de valeur. Toutes les industries pourraient se réduire à une seule. Si nous les distinguons ici, c'est afin de faciliter l'étude de leurs résultats ; et malgré toutes les distinctions, il est souvent fort difficile de séparer une industrie d'une autre. Un villageois qui fait des paniers est manufacturier ; quand il porte des fruits au marché, il fait le commerce. Mais, de façon ou d'autre, du moment que l'on crée ou qu'on augmente l'utilité des choses, on augmente leur valeur, on exerce une industrie, on produit de la richesse [1].

CHAPITRE IV.

Des opérations communes à toutes les Industries.

Comment appelle-t-on les hommes qui entreprennent la confection d'un produit quelconque ?

Ce sont les entrepreneurs d'industrie.

[1] Grâce à de judicieuses observations de Ch. Dunoyer, nous avons maintenant une classification plus complète, en ajoutant aux trois classes de travaux que vient d'annoncer l'auteur : l'Industrie extrac-

Quelles sont les opérations qui constituent le travail d'un entrepreneur d'industrie ?

Il doit d'abord acquérir les connaissances qui sont la base de l'art qu'il veut exercer.

Que doit-il faire ensuite ?

Il doit rassembler les moyens d'exécution nécessaires pour créer un produit et, finalement, présider à son exécution.

De quoi se composent les connaissances qu'il doit acquérir ?

Il doit connaître la nature des choses sur lesquelles il doit agir, ou qu'il doit employer comme instruments, et les lois naturelles dont il peut s'aider.

Donnez-moi des exemples.

S'il veut être forgeron, il doit connaître la propriété qu'a le fer de s'amollir par la chaleur et de se modeler sous le marteau ou sous des cylindres. S'il veut être horloger, il doit connaître les lois de la mécanique et l'action des poids ou des ressorts sur les rouages. S'il veut être agriculteur, il doit savoir quels sont les végétaux et les animaux qui sont utiles

---

tive et l'Industrie voiturière, plus les diverses classes d'actions, de professions agissant sur l'homme physique, intellectuel et moral, et celles ayant pour objet la production de la sécurité, et dont J.-B. Say parle au chapitre IX.   J. G.

à l'homme, et les moyens de les élever. S'il veut
être commerçant, il doit s'instruire de la situation
géographique des différents pays, de leurs besoins,
de leurs lois, ainsi que des moyens de transport qui
sont à sa portée.

*Quels sont les hommes qui s'occupent à recueillir et
à conserver ces diverses connaissances ?*

Ce sont les savants. L'entrepreneur d'industrie les
consulte directement, ou consulte leurs ouvrages.

*Ne suffit-il pas à l'entrepreneur de s'instruire des
procédés de son art ?*

Oui; mais les procédés même de son art sont
fondés sur des connaissances recueillies, mises en
ordre, conservées et journellement augmentées par
les savants.

*Les savants prennent donc part à la production des
richesses ?*

Indubitablement. Les vérités qu'ils enseignent
sont la base de tous les arts.

*Qu'arriverait-il, relativement à l'industrie, si les
sciences cessaient d'être cultivées ?*

On conserverait pendant un certain temps, dans
les ateliers, la tradition des connaissances sur lesquelles sont fondés les procédés qu'on y exécute,

mais ces procédés se dénaturaient peu à peu entre les mains de l'ignorance ; de mauvaises pratiques s'introduiraient ; on ne saurait pas pourquoi elles sont mauvaises, on n'aurait aucun moyen de retrouver les bonnes ; enfin, l'on ne pourrait attendre le perfectionnement que du hasard.

Après s'être instruit de la nature des choses sur lesquelles et par lesquelles il doit agir, que doit faire encore l'entrepreneur d'industrie ?

Il doit calculer les frais qu'occasionnera la confection du produit, en comparer le montant avec la valeur présumée qu'il aura étant terminé ; et il ne doit en entreprendre la fabrication, ou la continuer s'il l'a déjà entreprise, que lorsqu'il peut raisonnablement espérer que sa valeur sera suffisante pour rembourser tous les frais de sa production.

Quelle sont les autres opérations industrielles de l'entrepreneur ?

Il doit enfin diriger les travaux des agents salariés, commis, ouvriers, qui le secondent dans la confection des produits.

Désignez-moi quelques classes d'entrepreneurs dans l'industrie agricole.

Un fermier qui laboure le terrain d'autrui, le propriétaire qui fait valoir son propre terrain, sont des

entrepreneurs d'industrie agricole. Dans les branches
analogues à l'agriculture, celui qui exploite des
mines, des carrières, pour en tirer des minéraux, ou
qui exploite la mer et les rivières pour en tirer du
sel, des poissons, du corail, des éponges, etc., est
un entrepreneur d'industrie, pourvu qu'il travaille
pour son propre compte. S'il travaille pour un salaire, ou à façon, c'est alors celui qui le paye qui est
entrepreneur.

*Désignez-moi quelques classes d'entrepreneurs dans
l'industrie manufacturière.*

Tous ceux qui, pour leur propre compte, font
subir à un produit déjà existant une façon nouvelle
au moyen de laquelle la valeur de ce produit est
augmentée, sont entrepreneurs d'industrie manufacturière. Ainsi, le manufacturier n'est pas seulement l'homme qui réunit un grand nombre d'ouvriers
en ateliers ; c'est encore le menuisier qui fait des
portes et des fenêtres, et même le maçon et le
charpentier qui vont exercer leur art hors de leur
domicile, et qui transforment des matériaux en un
édifice. Le peintre en bâtiments lui-même, qui revêt
l'intérieur de nos maisons d'une couleur plus fraîche,
exerce encore une industrie manufacturière.

Il n'est donc pas nécessaire, pour être entrepreneur,

d'être propriétaire de la matière que l'on travaille ?

Non ; le blanchisseur qui vous rend votre linge dans un autre état que celui où vous le lui avez confié, est entrepreneur d'industrie.

Le même homme peut-il être à la fois entrepreneur et ouvrier ?

Certainement. Le terrassier qui convient d'un prix pour creuser un fossé, un canal, est un entrepre-neur ; s'il met lui-même la main à l'œuvre, il est ouvrier en même temps qu'entrepreneur.

Désignez-moi quelques classes d'entrepreneurs dans l'industrie commerciale.

Tous ceux qui, sans avoir fait subir une transfor-mation à un produit, le revendent tel qu'il l'ont acheté, mais dans un lieu et dans un état qui rendent le produit plus accessible au consommateur, sont des entrepreneurs d'industrie commerciale, ou des commerçants. Ainsi, ce n'est pas seulement le né-gociant qui fait venir des marchandises de l'Amé-rique et des Indes qui fait le commerce, c'est encore le marchand qui achète des étoffes ou des quincaille-ries dans une manufacture, pour les revendre dans une boutique ; ou même celui qui les achète en gros dans une rue, pour les revendre en détail dans la rue voisine.

Quels sont, dans l'industrie commerciale, les salariés qui remplissent les fonctions d'ouvriers ?

Les matelots, les voituriers (quand ils ne sont pas entrepreneurs, mais agents salariés), les porte-faix, les garçons de magasin et de boutique et, en général, tous ceux qui reçoivent un salaire fixe pour leur travail.

Quelle différence fait-on entre l'industrie et le travail ?

On appelle travail toute action soutenue dans laquelle on se propose un but utile et lucratif. L'industrie est un ensemble de travaux dont quelques-uns sont purement intellectuels, et qui supposent quelquefois des combinaisons très élevées.

Résumez l'objet des opérations qui se rencontrent dans toutes les industries.

1° Les recherches du savant ; 2° l'application des connaissances acquises aux besoins des hommes, en y comprenant le rassemblement des moyens d'exécution et la direction de l'exécution elle-même, ce qui forme la tâche des entrepreneurs d'industrie ; 3° le travail des agents secondaires, tels que les ouvriers, qui vendent leur temps et leurs peines, sans être intéressés dans le résultat.

CHAPITRE V.

Ce que c'est qu'un Capital, et comment on l'emploie.

Ne faut-il pas à un entrepreneur d'industrie quelque chose de plus que ses talents et son travail pour entreprendre la production ?

Oui ; il faut encore un capital.

Qu'est-ce qu'un capital ?

C'est une somme de valeurs acquises d'avance.

Pourquoi ne dites-vous pas une somme d'argent ?

Parce que ces valeurs peuvent consister dans beaucoup d'objets divers, aussi bien qu'en une somme d'argent.

A quoi sert le capital dans la production ?

Il sert à faire l'avance des frais que nécessite la production, depuis le moment où l'on commence les opérations productives, jusqu'à ce que la vente du produit rembourse à l'entrepreneur l'avance qu'il a faite de ces frais.

Qu'est-ce qu'une avance ?

C'est une valeur que l'on prête ou que l'on consomme¹ dans le dessein de la recouvrer. Si cette valeur n'est pas restituée ou reproduite, ce n'est pas une valeur avancée, c'est une valeur perdue, en tout ou en partie.

Donnez-moi un exemple.

Lorsqu'un homme veut fabriquer du drap, il emploie une partie de ses valeurs capitales à acheter de la laine ; une autre partie à acheter des machines propres à filer, à tisser, à fouler, à tondre son étoffe, une autre partie à payer des ouvriers, et le drap, lorsqu'il est achevé, lui rembourse toutes ses avances par la vente qu'il en fait.

. Attend-il d'avoir enlevé une grande quantité de produits pour se rembourser de ses avances?

Cela n'est point nécessaire ; du moment qu'il a terminé une pièce de drap et qu'il l'a vendue, il emploie la valeur qu'il a tirée de sa pièce de drap à une autre avance, comme, par exemple, à acheter de la laine ou bien à payer des salaires d'ouvriers ; de cette manière la totalité de son capital est constamment employée ; et ce qu'on nomme le *capital de l'entreprise* se compose de la valeur totale des choses

---

¹ Les personnes qui veulent se former une idée juste de la consommation, la trouveront expliquée plus loin, chapitres xiv et suivants.

achetées au moyen du capital, et dont une partie sont des produits commencés et avancés à différents degrés.

N'y a-t-il pas cependant une partie de la valeur capitale d'une entreprise qui reste en écus ?

Pour ne laisser oisive aucune partie de son capital, un entrepreneur habile n'a jamais en caisse que la somme nécessaire pour faire face aux dépenses courantes et aux besoins imprévus. Lorsque des rentrées promptes lui procurent plus d'argent qu'il ne lui en faut pour ces deux objets, il a soin d'employer le surplus à donner plus d'extension à son industrie.

Comment donne-t-on plus d'extension à une entreprise industrielle ?

En augmentant les constructions qui servent à son exploitation, en achetant une plus forte quantité de matières premières, en salariant un plus grand nombre d'ouvriers et autres agents.

Ne divise-t-on pas les capitaux employés en plusieurs natures de capitaux ?

On divise le capital d'une entreprise en capital engagé et en capital circulant.

Qu'est-ce que le capital engagé ?

Ce sont les valeurs qui résident dans les bâti-

ments, les machines, employés pour l'exploitation
de l'entreprise aussi longtemps qu'elle dure, et qui
ne sauraient être distraits pour être employés dans
une autre entreprise, si ce n'est avec perte.

Qu'est-ce que le capital circulant ?

Ce sont les valeurs qui se réalisent en argent, et
s'emploient de nouveau plusieurs fois durant le cours
d'une même entreprise. Telles sont les valeurs qui
servent à faire l'avance des matières premières et
des salaires d'ouvriers. Chaque fois que l'on vend
un produit, cette vente rembourse sans perte à l'entrepreneur la valeur de la matière première employée et des divers travaux payés pour la confection du produit.

*A quelle époque un entrepreneur réalise-t-il son capi-
tal engagé ?*

Lorsqu'il vend le fonds de son entreprise.

*L'usure et la dégradation de valeur qu'éprouvent les
machines et les constructions ne diminuent-elles pas
constamment le capital engagé ?*

Elles le diminuent en effet ; mais, dans une entreprise bien conduite, une partie de la valeur des produits est employée à l'entretien de cette portion du
capital, sinon pour lui conserver sa valeur tout entière, du moins pour le mettre en état de continuer

toujours le même service; et comme, malgré les précautions les plus soutenues, le capital engagé ne conserve pas toujours la même valeur, on a soin, chaque fois qu'on fait l'inventaire de l'entreprise, d'évaluer cette partie du capital au-dessous de l'évaluation qu'on en avait faite dans une autre occasion précédente.

Éclaircissez cela par un exemple.

Si l'on a évalué, l'année dernière, les métiers et les autres machines d'une manufacture de drap à 50,000 francs, on ne les évalue, cette année-ci, qu'à 45,000 francs, malgré les frais qu'on a faits pour les entretenir; frais que l'on met au rang des dépenses courantes, c'est-à-dire des avances journalières que la vente des produits doit rembourser.

Vous m'avez donné l'idée de l'emploi d'un capital dans une entreprise manufacturière; je voudrais me faire une idée de l'emploi d'un capital dans une entreprise agricole.

La maison du fermier, les granges, les étables, les clôtures et, en général, toutes les améliorations qui sont ajoutées au terrain, sont un capital engagé qui appartient ordinairement au propriétaire de la terre; les meubles, les instruments de culture, les animaux de service, sont un capital engagé, qui appartient

2

ordinairement au fermier. Les valeurs qui servent à faire l'avance des semences, des salaires, de la nourriture des gens et des animaux de service, les valeurs qui servent à payer les réparations d'outils et de charrettes, l'entretien des attelages et, en général, toutes les dépenses courantes, sont prises sur le capital circulant, et sont remboursées à mesure qu'on vend les produits journaliers de la ferme.

Une même entreprise peut donc être exploitée avec différentes portions de capitaux qui appartiennent à diverses personnes ?

Sans doute ; l'entrepreneur paye, sous une forme ou sous une autre, la jouissance d'une portion de capital qui ne lui appartient pas. Dans l'exemple ci-dessus, une ferme bien bâtie, améliorée par des fossés de dessèchement ou d'arrosement et par de bonnes clôtures, se loue plus cher qu'un terrain nu ; d'où il suit qu'une partie de loyer est le prix du service rendu par le sol, et qu'une autre partie est le prix du service rendu par le capital répandu en améliorations sur la terre.

Je voudrais me faire une idée de l'emploi d'une valeur capitale dans une entreprise de commerce.

Un négociant français emploie une partie de son capital en soieries, et les envoie en Amérique, c'est une avance, une valeur qui momentanément a disparu de la France, pour renaître, de même que le blé qui a servi de semence. Ce négociant donne en même temps à son correspondant d'Amérique l'ordre de vendre ces marchandises et de lui en faire les retours (c'est-à-dire de lui en renvoyer la valeur) en d'autres marchandises, telles que du sucre, du café, des peaux d'animaux, peu importe. Voilà le capital qui reparaît sous une nouvelle forme. Il faut considérer les marchandises envoyées comme des matières premières consommées pour la formation d'un nouveau produit. Le nouveau produit consiste dans les marchandises envoyées comme des matières consommées pour la formation d'un nouveau produit. Le nouveau produit consiste dans les marchandises qui composent les retours.

Le capital au moyen duquel on conduit une semblable entreprise, peut-il encore appartenir à différentes personnes?

Sans contredit ; en premier lieu, le négociant qui fait un envoi en Amérique peut travailler avec un capital qu'il a emprunté à un capitaliste ; il peut aussi avoir acheté les soieries à crédit ; c'est alors le fabricant de soieries qui prête au négociant la valeur de la marchandise que ce dernier a fait partir.

Vous avez employé l'expression de matière première; donnez-moi une idée exacte de ce qu'elle signifie.

La matière première est la matière à laquelle l'industrie donne une valeur qu'elle n'avait pas, ou dont elle augmente la valeur quand elle en avait une. Dans ce dernier cas, la matière première d'une industrie est déjà le produit d'une industrie précédente.

Donnez-m'en un exemple.

Le coton est une matière première pour le fileur de coton, bien qu'il soit déjà le produit de deux entreprises successives, qui sont celle du planteur de coton, et celle du négociant en marchandises étrangères par les soins de qui cette marchandise a été apportée en Europe. Le fil de coton est à son tour une matière première pour le fabricant d'étoffes; et une pièce de toile de coton est une matière première pour l'imprimeur en toiles peintes. La toile peinte elle-même est la matière première du commerce de marchand d'indiennes; et l'indienne n'est qu'une matière première pour la couturière qui en fait des robes, et pour le tapissier qui en fait des meubles.

Comment un entrepreneur d'industrie sait-il si la valeur de son capital est augmentée ou diminuée?

Par un inventaire, c'est-à-dire par un état détaillé

de tout ce qu'il possède, où chaque chose est évaluée suivant son prix courant.

Qu'est-ce qu'on appelle le capital d'une nation ?

Le capital d'une nation, ou le capital national, est la somme de tous les capitaux employés dans les entreprises industrielles de cette nation. Il faudrait, pour connaître à combien se monte le capital d'une nation, demander à tous les propriétaires fonciers la valeur de toutes les améliorations ajoutées à leur fonds; à tous les cultivateurs, manufacturiers et commerçants, la valeur des capitaux qu'ils emploient dans leurs entreprises, et additionner toutes ces valeurs.

Le numéraire d'un pays fait-il partie de ses capitaux ?

La portion du numéraire que chacun possède, qui vient d'un capital réalisé, et que l'on destine à une nouvelle avance, fait partie des capitaux d'une nation. La portion qui vient d'un profit réalisé, et dont on achète ce qui est nécessaire à l'entretien des individus ou des familles, ne fait partie d'aucun capital ; et c'est probablement la plus considérable.

CHAPITRE VI.

Des instruments naturels de l'Industrie.

Qu'est-ce que les instruments naturels de l'indus-trie ?

Ce sont les instruments que la nature a fournis gratuitement à l'homme, et dont il se sert pour créer des produits utiles. On les appelle des *instruments naturels*, par opposition avec les capitaux qui sont des *instruments artificiels*, c'est-à-dire des produits créés par l'industrie de l'homme, et qui ne lui sont pas donnés gratuitement.

Désignez quelques instruments naturels.

Le premier et le plus important de tous est la terre cultivable. Elle a été donnée gratuitement à tous les hommes ; mais comme elle ne saurait être cultivée sans que quelqu'un fasse les avances de tra-vail et d'argent nécessaires pour sa culture, on a senti, chez tous les peuples civilisés, la nécessité de reconnaître comme propriétaires exclusifs des fonds de terre ceux qui se trouvent actuellement en avoir la possession non contestée[1].

[1] Il est vrai que la terre cultivable a été donnée gratuitement à

N'y a-t-il pas d'autres instruments non créés par l'homme, mais devenus la propriété exclusive de certaines personnes, et qui, entre les mains de l'industrie, fournissent des produits ?

On peut ranger dans cette classe les cours d'eau qui sont devenus des propriétés et qui font marcher des usines. On peut y comprendre encore les carrières, les mines, d'où l'on tire des marbres, des métaux, et surtout du charbon de terre. Ce sont des espèces de magasins où la nature a préparé et mis en dépôt des richesses que l'industrie et les capitaux de leurs propriétaires achèvent en les mettant à la portée des consommateurs.

N'y a-t-il pas des instruments naturels qui ne sont pas devenus des propriétés, et qui sont demeurés à l'usage de tout le monde ?

Oui ; si l'on veut faire du sel, la nature fournit gratuitement l'eau de là mer et la chaleur du soleil qui en opère l'évaporation ; si l'on veut transporter des produits commerciaux, la nature fournit encore la mer ou les rivières comme autant de routes

---

tous les hommes ; mais, pour la mettre en valeur, il a fallu se livrer à d'immenses travaux. L'appropriation des fonds de terre, ainsi que je l'ai fait voir en traitant de *la Propriété*, non seulement ne fait rien perdre à personne, mais donne des moyens d'existence à ceux qui ne possèdent aucune propriété foncière.   Ch. C.

liquides ; elle fournit la force des vents pour pousser les navires. Si l'industrie manufacturière veut construire des horloges ou des montres, la nature fournit de même la gravitation qui fait descendre des poids, ou l'élasticité des ressorts qui fait marcher les rouages.

Les instruments naturels qui sont des propriétés ne se trouvent-ils pas confondus quelquefois avec des valeurs capitales ?

Oui ; sur un fonds de terre qui est un instrument fourni par la nature, il se trouve le plus souvent des bâtiments, des bonifications qui sont des produits de l'industrie et, par conséquent, des instruments artificiels et acquis moyennant des avances et du travail. Dans les mines, il y a des puits, des galeries, des machines pour épuiser les eaux, pour monter les produits ; toutes ces bonifications sont des capitaux ajoutés à l'instrument naturel.

Quelle différence caractéristique trouve-t-on entre les fonds de terre et les capitaux ?

Les fonds de terre ne sont pas susceptibles de s'augmenter indéfiniment comme les capitaux ; mais ceux-ci, qui se composent de valeurs créées, peuvent se dissiper et se détruire par la consommation, tandis que les fonds de terre ne peuvent être consommés. Un bien-fonds, quelque négligé qu'il soit, conservera toujours le même nombre d'arpents, mais il peut perdre successivement toutes les valeurs capitales qu'on y avait amassées. Du reste, les fonds de terre ne sont autre chose que des instruments qui servent à l'industrie d'une manière parfaitement analogue à la manière dont les capitaux lui servent.

Qu'est-ce que des services productifs?

Vous avez dû comprendre que l'industrie, les capitaux et les instruments naturels (tels que les fonds de terre) concourent au même but, qui est de donner tantôt à une chose, tantôt à une autre une valeur au moyen de laquelle cette chose devient un produit. Cela ne peut s'opérer que par une certaine action, un certain travail exécuté par des hommes, par des capitaux, par des fonds de terre. C'est ce travail que l'on appelle un service productif.

CHAPITRE VII.

Des services productifs.

Je conçois fort bien le travail de l'homme, mais j'ai peine à concevoir celui des capitaux et des fonds de terre?

Un capital ne peut-il pas rester oisif? Une terre ne peut-elle pas demeurer en friche? Ne peuvent-ils pas, dans une autre supposition, être occupés de manière à seconder l'industrie dans la création des produits?

J'en conviens.

C'est cette action des fonds productifs qui constitue les services qu'ils rendent. Il y a dans la production :

Des services rendus par les hommes; on les nomme services industriels ;

Des services rendus par les capitaux ; on les nomme services capitaux ;

Et enfin des services rendus par les fonds de terre; on les nomme services fonciers.

Comment nomme-t-on les hommes qui fournissent à la production ces divers services ?

Ceux qui fournissent les services industriels se nomment des hommes industrieux, ou plus brièvement des industrieux [2];

Ceux qui fournissent des capitaux se nomment des capitalistes ;

Ceux qui fournissent des terres se nomment des propriétaires fonciers.

Tous sont des producteurs.

Des producteurs ! Les capitalistes et les propriétaires me paraissent ne rien produire ?

Non pas directement; mais ils produisent indirectement par le moyen de leur instrument. Sans eux on manquerait de certains services indispensables pour la production.

La même personne fournit-elle à la fois diverses espèces de services productifs ?

Ce cas arrive très souvent. Un propriétaire qui fait valoir son propre terrain fournit, comme propriétaire, le service foncier; en faisant l'avance des frais

---

[1] Le mot d'*industrieux* n'a pas passé dans la langue économique avec le sens que lui donne J.-B. Say; on dit : chefs d'entreprise ou entrepreneurs, travailleurs, ouvriers, artistes ou savants, etc., selon la nature des services industriels que les coopérateurs fournissent à l'entreprise.   J. G.

de son entreprise, il fournit le service capital ; et comme entrepreneur il fournit le service industriel.

Lorsque ces différents services sont fournis par différentes personnes, par qui sont-ils réunis pour concourir à une même production ?

Par l'entrepreneur qui se charge de cette production.

Rendez cela sensible par un exemple.

Un fermier loue une terre. Louer une terre, c'est acheter les services que ce fonds peut rendre pendant la durée du bail. Il emprunte un capital moyennant intérèt, c'est acheter les services que peut rendre ce capital pendant la durée du prêt. Il prend des valets et des ouvriers, c'est acheter le service que ces travailleurs peuvent rendre chaque jour, chaque semaine.

Après avoir acquis ces services, il les consomme reproductivement.

Comment des services peuvent-ils être consommés ?

Des services ont été consommés, lorsque l'emploi qu'on en a fait après les avoir achetés n'a pas permis qu'ils fussent appliqués à autre chose. On les dit consommés, parce que les mêmes services ne peuvent être employés de nouveau.

Cependant une terre qui a servi peut servir de nou-
veau ; un ouvrier qui a travaillé peut travailler en-
core.

D'accord ; une terre qui a rendu un service cette
année pourra rendre un service l'année prochaine ;
mais celui qu'elle a rendu cette année est un service
consommé, usé, qui a fourni ses produits, et dont on
ne peut tirer de nouveau aucun parti. De même, le
service rendu par un ouvrier aujourd'hui, qu'il
ait produit ou non l'effet qu'on en attendait, est un
service consommé et dont il est désormais impossible d'obtenir aucun produit ; celui qu'il rendra de-
main est un autre service qui donnera lieu à une
autre consommation.

Qu'entendez-vous par consommer des services repro-
ductivement ?

On consomme reproductivement le service d'un
ouvrier, d'un verrier, par exemple, lorsqu'on dirige
son travail de manière que la consommation de la
valeur de sa journée reproduise dans le verre qu'il a
soufflé une autre valeur qui rembourse avec profit, à
l'entrepreneur, l'avance qu'il a faite du prix de la
journée. On consomme au contraire improductivement les services que nous rend un barbier ; parce
qu'une fois que la barbe est faite, il ne reste rien

3

de son travail en quoi se trouve la moindre valeur.

En doit-on conclure que le travail du barbier a été improductif?

Non ; mais les services rendus par lui et l'espèce d'utilité qui en est résultée ont été, à mesure que son travail a été exécuté, consommés par son maître qui s'en est servi pour sa satisfaction personnelle ; tandis que les services de l'ouvrier et l'utilité qui en est résultée ont été employés à donner une valeur à un produit. C'est pour cela qu'il ne reste rien de la première de ces utilités produites, et que de la seconde il reste une valeur qui est une portion de richesses.

Qu'est-ce que les frais de production ?

C'est la valeur des services productifs qu'il a fallu consommer pour créer un produit [1]. L'achat qu'un entrepreneur en fait n'est de sa part qu'une avance qui est remboursée par la valeur du produit qui en résulte.

Ainsi, quand un fabricant de porcelaine entreprend un beau vase pour lequel il dépense en location d'ateliers, en intérêt de sommes empruntées, en salaires d'artistes et d'ouvriers, pour ce qui regarde ce vase seulement, une somme de 600 francs, s'il a

---

[1] On verra plus tard (chapitres XIX, XX, XXI et XXII) sur quelles bases s'établit la valeur ou le prix courant des services productifs.

su, au moyen de toutes ces dépenses, exécuter un meuble qui vaille 600 francs, il est remboursé de toutes ses avances par la vente du vase.

Si le vase ne vaut pas plus que les services productifs qui ont été consommés pour le créer, il semble que la valeur qui a été créée est d'avance annulée par celle qui a été consommée, et que la société n'en est pas plus riche par l'effet de cette production.

La société n'en est pas plus riche si la valeur con- sommée a égalé la valeur produite ; mais elle n'en est pas plus pauvre, quoique les producteurs aient vécu par cette consommation. Une valeur, pour avoir été consommée en même temps que produite, n'en a pas moins été produite ; et c'est par des va- leurs incessamment produites et consommées que subsiste la société.

Il me reste un doute ; la valeur gagnée par les produc- teurs était auparavant dans la bourse de celui qui a fait l'acquisition du vase. Elle n'y est plus. Il semble dès lors que les producteurs ont consommé, non la valeur qu'ils ont créée, mais une valeur anciennement existante.

Cela n'est pas ainsi. La valeur de 600 francs, qui était dans la bourse de l'acquéreur, est maintenant, sous la forme d'un vase, dans son salon qu'elle dé- core ; car remarquez bien que nous partons de la supposition que le vase vaut, en valeur courante,

autant que la somme qu'on a donnée pour l'acheter ;
autrement, la production aurait été imparfaite, illusoire en partie.

*Si le vase ne vaut qu'autant que les sacrifices qu'il a
coûtés, où sera le profit de l'entrepreneur ?*

L'entrepreneur, en rassemblant divers services
productifs, et en dirigeant leur emploi dans le but
de créer un vase, a exécuté lui-même un travail qui
a une valeur. Il a fait l'avance de cette valeur en
même temps qu'il a fait l'avance de tous les autres
services productifs, et elle fait partie des frais de
production du vase. Ainsi, quand je dis que ces frais
se sont élevés à 600 francs, j'entends que les frais de
local, de matière première, de main-d'œuvre, etc.,
se sont élevés, par exemple, à 550 francs, et la
coopération de l'entrepreneur à 50 francs. Dès lors,
ces 50 francs qui sont le prix de ses soins, et qu'on
nomme ordinairement son bénéfice, font partie des
frais de production.

Que concluez-vous de ces principes ?

Que la production est une espèce d'échange dans
lequel on donne les services productifs, ou leur
valeur quand on les achète, pour obtenir en retour
les produits, c'est-à-dire ce qui sert à satisfaire nos
besoins et nos goûts.

Je comprends que nous acquérons les produits qui satisfont à nos consommations par le moyen de nos services productifs; mais d'où tirons-nous nos services productifs ?

De nos fonds productifs.

Quels sont-ils ?

Nos fonds productifs sont ou nos facultés industrielles, d'où les services industriels proviennent, ou nos capitaux d'où proviennent les avances que l'on fait à la production, ou bien enfin les instruments naturels qui sont devenus des propriétés (notamment les fonds de terre), d'où proviennent les services fonciers. Je vous ai déjà fait connaitre la nature et l'action de ces divers fonds productifs.

A qui devons-nous ces fonds qui sont les sources de nos richesses ?

Les uns sont dus à la nature qui nous les a donnés gratuitement : telles sont les terres cultivables, la force du corps, celle de l'intelligence [1]; les autres, tels que les capitaux, sont les produits de l'industrie aidée de ses instruments.

---

[1] La force corporelle et l'intelligence sont des dons gratuits que la nature accorde spécialement à l'individu qui en jouit. Les fonds de terre sont des dons gratuits faits en général à l'espèce humaine qui, (son intérêt, a reconnu que certains hommes en particulier devaient en avoir la propriété exclusive. Ch C.

CHAPITRE VIII.

De la formation des Capitaux.

Comment se forment les capitaux ?

Par des épargnes.

Qu'est-ce qu'une épargne ?

Nous épargnons quand nous ne consommons pas pour nos besoins ou pour nos plaisirs une valeur nouvelle, résultat des profits que nous avons faits. L'épargne est la valeur qui a été ainsi épargnée. C'est par des épargnes successives que l'on forme et que l'on grossit ses capitaux.

Comment l'épargne peut-elle grossir un capital ?

Parce qu'un profit est une valeur nouvelle, indépendante de nos fonds de terre et de nos fonds capitaux antérieurement existants. Or, quand cette valeur nouvelle est employée en forme d'avance, c'est-à-dire perpétuellement remboursée, elle compose un fonds permanent qui dure aussi longtemps qu'on ne le dissipe pas et qu'on l'emploie à des usages reproductifs ; ce qui constitue une nouvelle portion de capital.

Éclaircissez cette idée par un exemple ?

Un bijoutier qui fait pour 6000 francs de profits dans une année, s'il se contente de 5000 francs pour la dépense de lui et des siens, augmentera son capital de 1000 francs.

Comment peut-il employer cette épargne à des avances productives ?

Il achète une plus grande quantité des matières qu'il façonne, il salarie un plus grand nombre d'ouvriers, etc. Dès lors, il travaille avec un plus gros capital ; et l'augmentation de ses profits est le prix du service rendu par le nouveau capital qu'il met en œuvre.

Comment un capitaliste peut-il employer ses épargnes ?

Un capitaliste qui prête ses capitaux, s'il en retire 10,000 francs de profits ou d'intérêts au bout de l'an, et s'il n'en dépense que 9000, augmente son capital de 1000 francs qu'il prête soit aux mêmes emprunteurs, soit à d'autres.

Que peut faire un propriétaire foncier de ses épargnes ?

Pour placer ses épargnes, il peut soit améliorer ses fonds par de nouvelles constructions, soit prêter ses épargnes à un homme capable de les faire valoir et qui lui en paye un loyer qu'on appelle un intérêt. Dès lors il devient capitaliste en même temps que propriétaire foncier.

S'il emploie ses épargnes à l'achat d'un nouveau morceau de terre, peut-on dire que les capitaux de la société sont augmentés ?

Oui ; car si celui qui a fait l'épargne et qui achète du terrain n'a plus ce capital pour faire des avances à l'industrie, et le vendeur du terrain se trouve l'avoir.

Comment fait un salarié pour se former un capital ?

Il est obligé de prêter ses épargnes à un entrepreneur d'industrie, car il n'y a que les entrepreneurs qui puissent faire valoir un capital.

Un capital peut-il se détruire comme se former ?

Oui ; il suffit pour cela, au lieu de consacrer un capital à des avances qui seront remboursées par des produits, de l'employer à des consommations non productives.

Les sommes épargnées ne font-elles pas tort aux producteurs ?

Non, si elles sont employées productivement.

Je croirais qu'une dépense supprimée supprime la

demande qu'on faisait d'un produit et les profits que les producteurs faisaient sur ce produit.

Une dépense productive, bien qu'elle ne soit qu'une avance, nécessite la demande d'un produit.

Montrez-moi cela par un exemple.

Si j'épargne sur mes profits 1000 francs, et que je les prête à un entrepreneur de maçonnerie, j'achète moins de ces produits qui servent à ma consommation, jusqu'à concurrence de 1000 francs; mais le maître maçon achète pour 1000 francs de produits de plus qu'il n'aurait fait. Seulement ce sont des produits différents. Ce sont peut-être des pierres de taille, produits du carrier; des outils de son métier, produits du taillandier; ce sont des journées d'ouvriers, et ces ouvriers emploient leurs salaires en nourriture, en vêtements, qui sont également des produits de différents producteurs. Cette épargne peut donc changer la nature des demandes, mais elle n'en diminue pas la somme.

N'a-t-elle pas des avantages réels ?

Oui; elle permet à différents travailleurs de tirer parti de leurs facultés industrielles, de faire des profits qu'ils n'auraient pas faits et de les renouveler sans cesse, parce qu'un capital employé à des avances rentre autant de fois qu'il est avancé, et

3.

chaque fois il est de nouveau employé à acheter des services productifs [1].

Comment peut-on connaître si on a augmenté ou diminué son capital ?

Ceux qui n'ont point d'entreprise industrielle peuvent comparer ce qu'ils ont reçu avec ce qu'ils ont dépensé. S'ils ont moins dépensé qu'ils n'ont reçu, leur capital est accru du montant de la différence.

Pour ceux qui ont une entreprise industrielle, il n'y a d'autre moyen qu'un inventaire fidèlement dressé des valeurs qu'ils possèdent cette année, comparé avec un pareil inventaire dressé les années précédentes.

Pourquoi un inventaire est-il nécessaire du moment qu'on a une entreprise industrielle?

Parce que le capital d'un entrepreneur se compose de diverses marchandises faisant partie soit des approvisionnements, soit de ses produits, qu'il doit évaluer au cours du jour, s'il veut connaître son bien. La majeure partie de son capital a changé de forme dans l'espace d'une année ; les provisions, les marchandises qu'il possédait, sont une valeur qui a

[1] Voyez les chapitres xxv et xxvi.

été consommée reproductivement. Ce n'est donc qu'en comparant cette valeur avec celle qui en est résultée que l'on peut savoir si la valeur capitale s'est accrue ou a diminué.

CHAPITRE IX.

Des Produits immatériels.

Qu'est ce qu'un produit immatériel ?

On désigne par ce nom une utilité produite, qui n'est attachée à aucune matière, qui cependant a une valeur, et dont on peut se servir.

Donnez-m'en des exemples.

Un chirurgien fait une opération qui sauve un malade, et sort après avoir reçu ses honoraires : voilà une utilité vendue, payée, et qui cependant n'a pas été un seul instant attachée à une substance matérielle, comme l'utilité qui est dans un habit, dans un chapeau.

Des musiciens se rassemblent dans une salle, pour

donner un concert. Il en résulte un délassement
assez désirable pour qu'un auditoire nombreux se
réunisse et paye en commun la jouissance qui résulte de cette représentation. Voilà une utilité produite, achetée et consommée, sans avoir été un seul
instant attachée à une substance matérielle.

Voilà des produits immatériels.

*Qu'observez-vous relativement aux produits imma-
tériels ?*

Qu'ils n'ont d'autre durée que le temps de leur
production, et qu'ils doivent nécessairement être
consommés au moment même qu'ils sont produits.
Une personne qui n'aurait pas entendu un concert
qui vient d'être terminé, n'a aucune espérance de
pouvoir jouir de son exécution. Pour qu'elle se procure cette jouissance, il faut une production nouvelle ; il faut que le concert soit recommencé.

*Les produits immatériels sont-ils des produits de l'in-
dustrie ?*

Sans doute ; et l'on observe, dans l'industrie qui
les produit, les mêmes opérations que celles qui
concourent à la création des produits matériels ;
plusieurs genres de connaissances leur servent de
base ; il faut que des entrepreneurs appliquent ces
connaissances aux besoins des consommateurs ; sou-

vent plusieurs agents sont employés à l'exécution ;
enfin, pour que l'entrepreneur qui a fait les frais
de leur production ne soit pas en perte, il faut que
la valeur du produit lui rembourse le montant des
avances qu'il a faites.

*Donnez-moi quelques exemples du besoin qu'on a et de
l'usage qu'on fait de plusieurs produits immatériels.*

Les militaires sont utiles à la communauté, en se
tenant toujours préparés pour la défendre ; les juges
sont utiles en administrant la justice ; les fonctionnaires publics, dans tous les grades, en prenant soin
des affaires de la communauté et en veillant à la
sûreté publique ; les ministres de la religion en
exhortant aux bonnes actions et en consolant les
affligés. L'utilité de ces diverses classes est payée au
moyen des contributions publiques fournies par la
communauté.

D'autres classes, dont les services fournissent des
secours ou des délassements, ne sont payées que
par les seules personnes qui jugent à propos d'avoir
recours à elles. Telle est la classe des médecins, qui
n'est point payée par la communauté, mais par les
personnes seulement qui ont recours à leurs con-
seils. Les avocats sont dans le même cas. Les comé-
diens et, en général, les personnes qui travaillent

pour le divertissement du public, produisent de
même une satisfaction que les seules personnes qui
veulent y prendre part sont tenues de payer, et qui
n'existe plus du moment que l'exécution en est
achevée.

*Les fonds de terre ne produisent-ils pas une utilité
qu'on peut appeler immatérielle ?*

Oui ; tous les jardins d'agrément qui ne produisent
aucun fruit, aucun bois qui aient une valeur jointe à
leur matière, procurent du moins une jouissance à
ceux qui en font usage. Cette jouissance a un prix,
puisque l'on trouve des personnes qui consentent à
l'acheter par un loyer ; mais le produit qui l'a pro-
curée n'existe plus. La jouissance qu'on recueillera
l'année prochaine, du même jardin, sera un nouveau
produit de cette nouvelle année, et ne sera pas d.-
vantage susceptible de se conserver.

*N'y a-t-il pas des capitaux qui donnent des produits
immatériels ?*

Oui ; ce son' ceux qui, par leur service, procurent
des jouissances, mais ne font naître aucune valeur
nouvelle.

Donnez-m'en des exemples.

Une maison habitée par son propriétaire est une
valeur capitale, puisqu'elle est née d'accumulations,

de valeurs épargnées et durables. Cependant, elle ne rapporte point d'intérêts à son propriétaire ; il n'en tire pas non plus des matières qu'il puisse vendre ; mais elle produit pour lui une jouissance qui a une valeurs puisqu'il pourrait la vendre s'il consentait à louer sa maison. Cette jouissance ayant une valeur réelle, et n'étant pas jointe à un produit matériel, est un produit immatériel.

On en peut dire autant des meubles durables qui remplissent la maison, de la vaisselle et des ustensiles d'argent, etc., qui rapportent, non un intérêt, mais une jouissance.

Pourquoi ne dites-vous cela que des objets durables?

Parce que, quand la consommation détruit la valeur du fonds, cette valeur n'est plus une valeur capitale, une valeur que l'on retrouve après s'en être servi. Mon argenterie est un capital, parce qu'après m'en être servi un an, dix ans, j'en retrouverai la valeur principale ; je n'aurai consommé que l'utilité journalière dont elle pouvait être [1] ; mais les chaussures que je porte ne sont pas un capital, car lorsque je les aurai usées, il ne me restera plus en elles aucune valeur.

[1] Une personne à qui on loue de l'argenterie n'acquiert pas la valeur des objets d'argent ; elle acquiert seulement, pour tout le temps qu'elle la tient à loyer, l'utilité journalière qui peut naître de l'argenterie.

CHAPITRE X.

En quoi consistent les Progrès de l'industrie. [1]

A quel signe peut-on connaître que l'industrie fait des progrès dans un pays ?

Lorsqu'on y remarque des produits nouveaux qui trouvent à se vendre, ou bien lorsqu'on voit diminuer le prix des produits connus. Dans l'un et l'autre cas, il y a de nouvelles jouissances acquises par le public, et de nouveaux profits gagnés.

Pourquoi aux mots « produits nouveaux » ajoutez-vous : « qui trouvent à se vendre? »

Parce qu'un nouvel objet dont le prix n'atteint pas ses frais de production, ne peut donner lieu à une fabrication suivie ; on perdrait à s'en occuper. Il n'en peut résulter ni jouissances nouvelles, ni profits nouveaux. Ce n'est pas un progrès.

Je conçois qu'un nouveau produit procure des jouissances et des profits nouveaux, mais je ne le comprends pas de même quand ce sont des produits déjà connus qui diminuent de prix.

Un produit, lorsqu'il baisse de prix, se met à la

portée d'un certain nombre de consommateurs qui, auparavant, n'en pouvaient .pas faire la dépense. Beaucoup de familles peuvent acheter un tapis de pieds lorsqu'il ne coûte plus que 50 francs, et s'en passaient quand il fallait le payer 100 francs.

Si, en même temps, les étoffes dont se faisaient les robes de la mère et des filles ont baissé de 100 francs à 50, il n'y a toujours, dans cette famille, que 100 francs dépensés, et il s'y trouve une consommation plus considérable.

La seule possibilité d'acheter des jouissances nouvelles est équivalente à des profits nouveaux ; mais nous verrons tout à l'heure qu'aux avantages que les hommes trouvent comme consommateurs dans les progrès industriels, ils en trouvent d'autres comme producteurs.

Quelles sont les causes auxquelles il faut attribuer les progrès de l'industrie?

Parmi ces causes, il s'en trouve qui agissent d'une manière générale, comme les progrès des connaissances humaines, les bonnes lois, la bonne administration du pays. D'autres agissent plus immédiatement, telles que la division du travail, un emploi mieux entendu des instruments dont se sert l'industrie, et particulièrement des agents naturels dont le secours est gratuit.

Qu'entendez-vous par la division du travail ?

C'est cet arrangement par lequel les travaux industriels sont répartis entre différents travailleurs, de manière que chaque personne s'occupe toujours de la même opération qu'elle recommence perpétuellement.

Donnez-m'en un exemple.

Dans la fabrication des épingles [1], c'est toujours le même ouvrier qui passe le laiton à la filière; un autre ne fait que couper le fil de laiton par bouts d'une longueur pareille; un troisième aiguise les pointes; la tête seule de l'épingle exige deux ou trois opérations qui sont exécutées par autant de personnes différentes. Au moyen de cette séparation des emplois, on peut exécuter tous les jours **48,000** épingles dans une manufacture, où l'on n'en terminerait pas 200 s'il fallait que chaque ouvrier commençât et finit chaque épingle l'une après l'autre.

Ne remarque-t-on pas les effets de la division du travail autre part que dans les manufactures ?

On peut les observer partout dans la société où chacun se voue exclusivement à une profession dif-

[1] C'est l'exemple d'Adam Smith ; mais il en faut prendre un autre ou parler au passé, car les épingles se fabriquent maintenant à la mécanique.   J. G

férente, et la remplit mieux que si chacun voulait se
mêler de tout.

Qu'en concluez-vous ?

Qu'il n'est pas avantageux de cumuler les occupations diverses ; qu'il convient au chapelier de commander ses habits au tailleur, et au tailleur de
commander ses chapeaux au chapelier. Par la même
raison, nous devons croire que l'industrie est plus
perfectionnée quand le commerce en gros, le commerce en détail, le commerce avec l'intérieur, le
commerce maritime, etc., sont l'objet d'autant de
professions différentes.

*Comment tire-t-on plus de parti des instruments de
l'industrie ?*

En les occupant plus constamment et en tirant
plus de produits des mêmes instruments. C'est ainsi
que l'agriculture est plus avancée là où, au lieu de
laisser les terres en jachère, on leur procure du
repos en changeant de culture. Un manufacturier
actif qui exécute ses opérations plus rapidement
qu'un autre, et qui commence et termine cinq fois
ses produits dans le cours d'une année, au lieu de
quatre, tire un plus grand service de son capital,
puisque avec le même capital il fait cinq opérations
au lieu d'une.

N'y a-t-il pas une autre manière de tirer plus de parti des instruments de l'industrie ?

Oui ; elle consiste à remplacer des instruments coûteux par d'autres qui nous sont offerts gratuitement par la nature, comme lorsqu'on fait moudre le grain par la force de l'eau ou du vent, au lieu de faire exécuter ce travail par des bras d'hommes. C'est l'avantage qu'on obtient ordinairement par le service des machines.

Le service des machines est-il avantageux aux producteurs et aux consommateurs ?

Il est avantageux aux entrepreneurs d'industrie aussi longtemps qu'il ne fait pas baisser le prix des produits. Du moment que la concurrence a fait baisser les prix au niveau des frais de production, le service des machines devient avantageux aux consommateurs.

N'est-il pas dans tous les cas funeste à la classe des ouvriers ?

Il ne lui est funeste qu'à l'époque où l'on commence à se servir d'une nouvelle machine ; car l'expérience nous apprend que les pays où l'on fait le plus d'usage des machines, sont ceux où l'on occupe le plus d'ouvriers.

Les arts même où l'on a remplacé par des machines les bras des hommes, finissent par occuper plus d'hommes qu'auparavant.

Citez-m'en des exemples.

Malgré la presse d'imprimerie, qui multiplie les copies d'un même écrit avec une étonnante rapidité, il y a plus de personnes occupées par l'imprimerie à présent, qu'il n'y avait de copistes employés auparavant à transcrire des livres.

Le travail du coton occupe plus de monde maintenant qu'il n'en occupait avant l'invention des machines à filer.

Le service des machines ne tend-il pas au perfectionnement de la société en général?

Tous les moyens expéditifs de produire ont cet effet à un point surprenant. C'est en partie parce qu'on a inventé la charrue qu'il a été permis aux hommes de perfectionner les beaux-arts et tous les genres de connaissances.

Dites-moi par quelle raison.

Si pour obtenir la quantité de blé nécessaire pour nourrir un peuple, il avait fallu que ce peuple tout entier fût employé à labourer la terre avec la bêche, personne n'aurait pu se vouer aux autres arts ; mais du moment que quarante personnes ont suffi pour faire pousser la nourriture de cent, il est arrivé que soixante personnes ont pu se livrer à d'autres occupations. Elles ont échangé ensuite le fruit de leurs travaux contre le blé produit par les premières, et la société tout entière s'est trouvée mieux pourvue d'objets de nécessité ou d'agrément ; ses facultés intellectuelles et morales se sont perfectionnées en même temps que ses autres moyens de jouir.

II

CHAPITRE XI.

Des Échanges et des Débouchés.

Qu'est-ce qu'on entend par un échange?

Un échange est le troc d'une chose qui appartient à une personne, contre une autre chose qui appartient à une autre personne.

Les ventes et les achats sont-ils des échanges ?

La vente est l'échange que l'on fait de sa marchandise contre une somme de monnaie ; l'achat est l'échange que l'on fait de sa monnaie contre de la marchandise.

Quel but se propose-t-on quand on échange sa mar-chandise contre une somme de monnaie ?

On se propose d'employer cette monnaie à l'achat d'une autre marchandise; car la monnaie ne peut servir à aucune autre fin qu'à acheter.

Qu'en concluez-vous ?

Que les ventes et les achats ne sont, dans la réalité, que des échanges de produits. On échange le produit que l'on vend et dont on n'a pas besoin, contre le produit qu'on achète et dont on veut faire usage. La monnaie n'est pas le but, mais seulement l'intermédiaire des échanges. Elle entre passagère-ment en notre possession quand nous vendons; elle en sort quand nous achetons, et va servir à d'autres personnes de la même manière qu'elle nous a servi.

Les échanges sont-ils productifs de richesse ?

Non, pas directement; car rien ne produit de la richesse que ce qui ajoute à la valeur des choses en ajoutant à leur utilité. Or, des objets échangés ont passé dans des mains différentes, sans avoir, après l'échange terminé, une valeur courante supérieure à celles qu'ils avaient auparavant.

Pourquoi donc les échanges jouent-ils un si grand rôle dans l'économie sociale ?

Parce que chaque personne ne se consacrant qu'à un seul genre de production, et une multitude de produits lui étant nécessaires chaque personne ne consomme jamais qu'une très petite partie de ce qu'elle produit, et se trouve forcée de vendre tout le reste pour acheter la presque totalité des objets dont elle a besoin.

N'y a-t-il pas des personnes qui achètent sans produire ?

Il n'y a que celles qui vivent de secours gratuits qui puissent acheter sans produire ; et alors elles vivent sur les produits des personnes de qui elles tiennent ces secours [1].

[1] Il y a, dans tous les pays, un grand nombre de personnes qu ne vivent pas de secours, et qui cependant achètent et consomment sans produire ; ainsi, tous les individus qui possèdent des sinécures ou qui sont payés pour remplir des emplois inutiles ou malfaisants, achètent et consomment sans rendre aucun service à la production ; les armées qui n'ont pas d'autre objet que de tenir dans l'oppression les classes industrieuses de la société, consomment d'immenses richesses et n'en produisent aucune ; les hommes qui livrent leurs capitaux au gouvernement pour qu'il les emploie à exécuter des entreprises inutiles ou funestes, et qui reçoivent en échange des rentes que les contribuables sont contraints de leur payer, achètent et consomment, mais ne produisent rien, du moins en leur qualité de rentiers ; enfin, tous les individus qui vivent d'extorsions ou de

Un propriétaire foncier n'achète-t-il pas sans produire et sans tenir des secours d'autrui ?

Un propriétaire foncier produit par le moyen de son instrument, de sa terre. Le loyer qu'il en reçoit est le prix du blé ou de tout autre produit qu'il a obtenu pour sa part dans la production à laquelle il a contribué par la collaboration de sa terre.

Il en est de même du capitaliste. L'intérêt de ses fonds est le prix de sa part des produits auxquels ses fonds ont concouru.

Quelle différence mettez vous entre le prix des produits et leur valeur ?

Le prix est la quantité de monnaie courante que l'on peut obtenir pour un produit, lorsqu'on veut le vendre ; c'est sa valeur exprimée en argent.

Quel est le prix le plus bas auquel un produit puisse être vendu et acheté ?

Un produit ne saurait être vendu et acheté, d'une manière suivie, à un prix inférieur aux frais de production qui sont indispensables pour l'établir. Si chaque livre de café ne peut être amenée dans la

soustractions frauduleuses plus ou moins déguisées, achètent et consomment, et ne peuvent cependant être mis ni dans la classe des producteur , ni dans celle des gens qui vivent de secours. Ch. C.

4

boutique où nous l'achetons sans une dépense de 40 sous, on ne peut longtemps de suite vendre une livre de café au-dessous du prix de 40 sous [1].

Le prix d'une marchandise ne baisse-t-il pas en proportion de ce qu'elle est plus offerte, et ne monte-t-il pas en proportion de ce qu'elle est plus demandée?

Une marchandise, par cela seul qu'elle est plus offerte, c'est-à-dire offerte en plus grande quantité, sans que les autres marchandises le soient davantage, est à meilleur marché par rapport aux autres ; car le meilleur marché d'une chose consiste dans la possibilité où sont les acheteurs d'en avoir une plus grande quantité pour le même prix.

Par la même raison, du moment qu'elle est plus demandée, elle est plus chère ; car qu'est-ce que la demande d'un produit, sinon l'offre que l'on fait d'un autre produit pour acquérir le premier? Or, du moment que cet autre produit est offert en plus grande quantité pour acquérir le premier, dès ce moment, dis-je, le premier est plus cher.

---

[1] Il ne faut pas oublier ici ce qui a été dit au chapitre VII, que les travaux des divers entrepreneurs (planteurs et négociants) qui ont concouru à cette production font partie des avances qu'elle a nécessitées, et que leurs profits n'étant que le remboursement de ces avances font partie des frais de production.

Que signifie, en parlant d'une marchandise, ce qu'on appelle l'étendue de ses débouchés?

C'est la possibilité d'en vendre une plus ou moins grande quantité.

Quelles sont les causes qui étendent le débouché d'un produit en particulier?

C'est, d'abord, le bon marché auquel il peut être établi par comparaison avec son utilité, avec les services qu'il peut rendre ; en second lieu, c'est l'activité de la production de tous les autres produits.

Pourquoi le bon marché d'un produit étend-il ses débouchés?

Les familles qui habitent un canton, en contribuant à une production ou à une autre, gagnent chaque année des revenus très divers ; les unes 100 écus, les autres 1,000, d'autres 100,000 écus et davantage. On fait des gains annuels qui s'élèvent à toutes les sommes intermédiaires ; les plus nombreux sont les plus modiques, et les plus gros sont les plus rares. Vous comprenez dès lors qu'un produit se vendra en quantité d'autant plus grande qu'il sera plus utile et qu'il coûtera moins cher ; car ces deux conditions le font désirer de plus de monde, et permettent à plus de monde de l'acquérir.

Pourquoi l'activité dans la production de tous les autres produits augmente-t-elle les débouchés de chaque produit en particulier?

Parce que les hommes ne peuvent acheter un produit particulier qu'ils ne produisent pas qu'à l'aide de ceux qu'ils produisent. Plus il y a de gens qui produisent du blé, du vin, des maisons, et plus les gens qui produisent du drap peuvent vendre d'aunes de leur marchandise.

Les producteurs ne sont donc pas intéressés à hab'ter un pays où l'on produit peu?

Non, sans doute ; il se vend maintenant en France bien plus de marchandises que dans les temps de barbarie, par la raison qu'on en produit beaucoup plus qu'à ces malheureuses époques. Les producteurs, en s'y multipliant, y ont multiplié les consommateurs ; et chaque producteur, en produisant davantage, a pu multiplier ses consommations.

Nous produisons tous les uns pour les autres. Le fermier, ou fabricant de blé, travaille pour le fabricant d'étoffes ; celui-ci travaille pour le fermier ; le quincaillier vend ses serrures au banquier ; celui-ci reçoit et paye pour le quincaillier ; le droguiste fait venir des couleurs pour le peintre ; le peintre fait des portraits pour le marchand. Tout le monde est

utile à tout le monde; et chacun fait d'autant plus
d'affaires, que les autres en font davantage.

*Le commerce étranger n'est donc pas indispensable
pour ouvrir des débouchés à notre industrie?*

Non; mais le commerce que nous faisons avec
l'étranger étend nos productions et notre consommation. Si nous n'avions pas en France de commerce
au dehors, nous ne produirions pas de café, et nous
n'en consommerions pas; mais, par le moyen du
commerce avec l'étranger, nous pouvons produire et
consommer une immense quantité de café; car, en
produisant des étoffes que nous échangeons contre
cette denrée d'un autre climat, nous produisons
notre café en étoffes.

*Dans quel cas les nations étrangères offrent-elles le
plus de débouchés à notre industrie?*

Lorsqu'elles sont industrieuses elles-mêmes, et
d'autant plus que nous con-entons à recevoir plus
de produits de leur industrie.

*Notre intérêt n'est donc pas de détruire leur commerce
et leurs manufactures?*

Au contraire; la richesse d'un homme, d'un
peuple, loin de nuire à la nôtre, lui est favorable;
et les guerres livrées à l'industrie des autres peuples

4.

paraitront d'autant plus insensées qu'on deviendra
plus instruit.

———— ——

CHAPITRE XII.

De la Monnaie.

Qu'est-ce que la monnaie?

La monnaie est un produit de l'industrie, une
marchandise qui a une valeur échangeable. Une
certaine quantité de monnaie et une certaine quantité de toute autre marchandise, quand leur valeur
est exactement pareille, sont deux portions de richesses égales entre elles.

D'où vient à la monnaie sa valeur?

De ses usages; c'est-à-dire qu'elle tire sa valeur
de la même source que quelque produit que ce soit.
Le besoin qu'on en a fait qu'on y attache un prix et
que l'on offre pour en avoir une certaine quantité de
tout autre produit quelconque.

Ce n'est donc pas le gouvernement qui fixe la valeur des monnaies?

Non ; le gouvernement peut bien ordonner qu'une pièce de monnaie s'appellera *un franc, cinq francs ;* mais il ne peut pas déterminer ce qu'un marchand vous donnera de marchandise pour un franc, pour cinq francs. Or, vous savez que la valeur d'une chose se mesure par la quantité de toute autre chose que l'on consent communément à donner pour en obtenir la possession.

Vous dites que la monnaie tire sa valeur de ses usages ; cependant elle ne peut servir à satisfaire aucun besoin.

Elle est d'un fort grand usage pour tous ceux qui sont appelés à effectuer quelque échange ; et vous avez appris au chapitre xi les raisons pour lesquelles les hommes sont tous obligés d'effectuer des échanges et, par conséquent, de se servir de monnaie [1].

Comment la monnaie sert-elle dans les échanges ?

Elle sert en ceci, que lorsque vous voulez changer le produit qui vous est inutile contre un autre que

[1] Mais il faut bien remarquer que les métaux précieux ne sont recherchés comme intermédiaires dans les échanges que parce qu'ils ont, comme qualités économiques, une grande utilité pour l'ornement et les arts, la rareté, une valeur relativement stable, et qu'ils ont des qualités physiques de durée, de divisibilité, etc., que d'autres marchandises n'ont pas au même degré. **J. G.**

vous voulez consommer, il vous est commode, et le plus souvent indispensable de commencer par changer votre produit superflu en cet autre produit appelé monnaie, afin de changer ensuite la monnaie contre la chose qui vous est nécessaire.

Pourquoi l'échange préalable contre de la monnaie est-il commode et souvent indispensable ?

Pour deux raisons : en premier lieu, parce que la chose que vous voulez donner en échange diffère le plus souvent en valeur de la chose que vous voulez recevoir. Si la monnaie n'existait pas et que vous voulussiez échanger une montre de quatre louis contre un chapeau d'un louis [1], vous seriez obligé de donner une valeur quatre fois supérieure à celle que vous recevriez. Que si vous vouliez seulement donner le quart de votre montre, vous ne le pourriez sans détruire sa valeur tout entière, ce qui serait encore pis. Mais si vous commencez par changer votre montre contre quatre louis, vous pouvez alors donner le quart de la valeur de votre montre pour avoir un chapeau, et conserver les trois autres quarts de la même valeur pour l'acquisition de tout autre objet. La monnaie, comme vous le voyez, vous est utile pour cette opération.

[1] Nom anciennement donné aux pièces d'or de 24 francs, et plus tard à celles de 20 francs, qui ont aussi porté le nom de napoléons.
J. G.

Quel est le second motif qui fait désirer de se procurer de la monnaie ?

Une marchandise autre que la monnaie pourrait se proportionner, en quantité, à la valeur de la chose que vous souhaitez vendre. Vous pourriez avoir une quantité de riz pareille en valeur à la montre dont vous voulez vous défaire, et vous pourriez donner en riz une quantité équivalente à la valeur du chapeau que vous voulez acquérir mais vous n'êtes pas certain que le marchand de chapeau ait besoin du riz que vous pourriez lui offrir, tandis que vous êtes certain qu'il recevra volontiers la monnaie dont vous vous êtes rendu possesseur.

D'où peut me venir cette certitude ?

Du besoin que toute personne a de faire des achats pour satisfaire à ses besoins.

Une marchandise, quand on ne veut pas ou qu'on ne peut pas la consommer immédiatement pour satisfaire un besoin, ne convient qu'à ceux qui en font commerce, à ceux qui sont connus pour en être marchands, qui savent, par conséquent, où sont ses débouchés, ce qu'elle vaut exactement, et par quels moyens on peut réussir à la vendre. Or, la monnaie est une marchandise dont tout le monde est marchand, car tout le monde a des achats à faire, et

c'est être marchand de monnaie que d'en offrir
en échange de toutes les choses que l'on achète
journellement. Vous êtes donc assuré qu'en of-
frant de la monnaie à une personne quelconque,
et pour quelque échange que ce soit, vous lui
offrez une marchandise dont elle a le placement
assuré.

*Pourquoi, même dans le cas où la marchandise que
je reçois vaut bien réellement son prix, considère-t-on
celui qui me vend comme faisant une meilleure affaire
que moi qui achète ?*

Celui qui vend a deux marchés à conclure pour
obtenir la marchandise dont il a besoin, à la place
de celle qui est pour lui superflue ; il faut qu'il
change d'abord celle-ci en monnaie, et qu'il change
ensuite cette monnaie contre la chose qu'il veut
avoir. Lorsqu'une fois il a effectué le premier
de ces deux échanges, il ne lui reste plus que le
second à terminer, et c'est le plus facile, parce
qu'au lieu d'une marchandise qui ne pouvait con-
venir qu'à un petit nombre de personnes, il a
désormais en sa possession de la monnaie, c'est-à-
dire une marchandise qui est à l'usage de tout le
monde.

Je vois quelle est la source de la valeur de la monnaie ;

*mais je voudrais savoir quelle cause fixe cette valeur à
un taux plutôt qu'à un autre.*

C'est la somme, ou, si vous voulez, le nombre de
pièces qui se trouvent dans chaque canton. On donne
et l'on reçoit, dans les ventes et dans les achats,
d'autant plus de pièces qu'il y en a davantage dans
le canton. Ainsi, le quintal métrique de blé, qui se
vend aujourd'hui pour 25 pièces d'un franc, se
vendrait 50 francs, s'il y avait une fois plus de
monnaie en circulation.

*Dans cette supposition, y aurait-il quelque chose de
changé à la richesse du pays ?*

Non ; car celui qui recevrait une fois plus de monnaie pour son quintal de blé, serait obligé d'en donner une fois plus pour toutes les choses qu'il vou-
drait se procurer, et finalement, en échange de son
blé, il n'aurait obtenu que la même quantité de
produits, la même somme de jouissances. Quant à
ceux qui sont possesseurs de monnaie, ayant 50
pièces qui ne vaudraient pas plus que 25, ils ne
seraient pas plus riches qu'ils ne le sont avec 25
pièces.

*A-t-on des exemples d'une pareille multiplication et
d'une pareille dépréciation des monnaies ?*

On a des exemples d'une multiplication et d'une

dépréciation bien plus grande. Avant la découverte de l'Amérique, une même pièce d'argent valait cinq ou six fois plus qu'elle ne vaut à présent ; et lorsqu'on a fait en différents pays, à certaines époques, de la monnaie de papier pour des sommes énormes, la valeur de cette monnaie s'est dégradée en proportion.

La valeur des monnaies peut-elle augmenter comme elle peut diminuer ?

Oui ; ce cas arrive lorsque la quantité de monnaie diminue, ou bien quand le nombre des échanges qui se font journellement dans le canton vient à augmenter, parce qu'alors le besoin de monnaie, la demande qu'on en fait, deviennent plus étendus. Des échanges plus considérables en valeur et plus multipliés en nombre exigent une plus grande quantité de pièces de monnaie.

Dans quel cas le nombre des échanges augmente-t-il ?

Lorsque le canton devient plus riche, lorsqu'on y crée plus de produits et qu'on en consomme davantage ; lorsque la population croît en conséquence ; comme il est arrivé en France où, depuis la fin du xvi° siècle, la population a doublé, et où la production et la consommation ont peut-être quadruplé.

Comment se manifestent les changements de valeur dans les monnaies?

Quand la valeur des monnaies hausse, on donne moins de monnaie en échange de toute espèce de marchandise. En d'autres termes, le prix de toutes les marchandises baisse.

Quand, au contraire, la valeur des monnaies décline, on donne plus de monnaie dans chaque achat ; le prix de toutes les marchandises hausse.

Se sert-on également de plusieurs sortes de matières pour fabriquer des monnaies ?

On s'est servi, suivant l'occasion, de fer, de cuivre, de coquilles, de cuir, de papier [1]; mais les matières qui réunissent le plus d'avantages pour faire les fonctions de monnaies sont l'or et l'argent, que l'on appelle aussi les métaux précieux. L'argent est le plus généralement employé ; ce qui fait que, dans l'usage commun, on dit fréquemment *de l'argent* pour dire *de la monnaie*.

Emploie-t-on indifféremment tout métal d'argent comme monnaie ?

Non ; on ne se sert ordinairement, pour cet usage,

[1] Au lieu de *papier*, il faudrait un *etc.*; car il y a un bien plus grand nombre de choses qui ont servi comme marchandise intermédiaire ou monnaie, et parce que l'on a fait en papier les signes représentatifs dont il est question au chapitre suivant. J. G.

que de l'argent qui a reçu une empreinte dans les
manufactures du gouvernement [1], qu'on appelle des
hôtels des monnaies.

*L'empreinte est-elle nécessaire pour que l'argent serve
aux échanges ?*

Non, pas absolument; en Chine, on se sert d'argent qui n'est pas frappé en pièces; mais l'empreinte
que le gouvernement donne aux pièces est extrême-
ment utile, en ce qu'elle évite à ceux qui reçoivent
de la monnaie d'argent le soin de peser le métal et
surtout de l'essayer [2], ce qui est une opération déli-
cate et difficile.

*L'empreinte étant utile, n'ajoute-t-elle pas à la
valeur d'une pièce de monnaie ?*

Sans doute, à moins que le gouvernement n'en
frappe en assez grande quantité pour qu'une pièce
qui porte l'empreinte baisse de valeur jusqu'à ne
pas valoir plus qu'un petit lingot du même poids et
de la même pureté.

---

[1] Ou contrôlées par le gouvernement; car le gouvernement peut
laisser cette fabrication à l'entreprise particulière travaillant pour les
citoyens; mais il doit néanmoins la constituer en monopole pour
pouvoir contrôler le titre et le poids des pièces, et prohiber la fabrication des pièces autres que celles d'or ou d'argent qui n'ont pas la
valeur intrinsèque.   J. G.

[2] *Essayer*, c'est s'assurer du degré de pureté de l'argent ou de
l'or.

Une monnaie frappée peut-elle tomber au-dessous de la valeur d'un petit lingot qui l'égale en poids ?

Non ; parce qu'alors le possesseur du lingot, en le fondant, l'élèverait aisément de la valeur d'une pièce à la valeur du lingot. Une monnaie métallique, par cette raison, ne peut jamais tomber au-dessous de la valeur du métal dont elle est faite.

Pourquoi les gouvernements se réservent-ils exclusivement le droit de frapper les monnaies ?

Afin de prévenir l'abus que des particuliers pourraient faire de cette fabrication, en ne donnant pas aux pièces le titre [1] et le poids annoncés par l'empreinte ; et aussi quelquefois afin de s'en attribuer le bénéfice, qui fait partie des revenus du fisc [2].

La monnaie d'argent et la monnaie d'or varient-elles dans leur valeur réciproque ?

Leur valeur varie perpétuellement comme celle de toutes les marchandises, suivant le besoin qu'on a de l'une ou de l'autre et la quantité qui s'en trouve dans la circulation. De là l'agio, ou bénéfice que l'on paye quelquefois pour obtenir 20 francs en or contre 20 francs en argent.

[1] Le titre est la proportion de la quantité du métal précieux et de la quantité de cuivre ou d'autre alliage qui se trouve dans les pièces de monnaie.

[2] *Fisc* veut dire le trésor du prince ou celui du public.

La même variation de valeur existe-t-elle entre les pièces de cuivre et les pièces d'argent ?

Non, pas ordinairement ; par la raison que l'on ne reçoit pas la monnaie de cuivre pur, et celle de cuivre mélangé d'argent, qu'on nomme *billon*, sur le pied de leur valeur propre, mais en vertu de la facilité qu'elles procurent d'obtenir par leur moyen une pièce d'argent. Si cent sous qu'on me paye en cuivre ne valent réellement que trois francs, peu m'importe ; je les reçois pour cinq francs, parce que je suis assuré d'avoir, quand je voudrai, par leur moyen, une pièce de cinq francs. Mais quand la monnaie de cuivre [1] devient trop abondante et que, par son moyen, on ne peut plus avoir à volonté la quantité d'argent qu'elle représente, sa valeur s'altère, et l'on ne peut plus s'en défaire sans perte [2].

[1] On n'a pu faire entrer, dans un ouvrage abrégé comme celui-ci, que les principes les plus importants et les plus usuels.

[2] Les pièces de cuivre sont des signes représentatifs, pour environ les trois quarts de leur valeur numéraire ou nominale.   J. G.

CHAPITRE XIII.

Des Signes représentatifs de la Monnaie.

Qu'appelez-vous des signes représentatifs de la monnaie ?

Des titres qui n'ont aucune valeur autre que celle que leur procure la somme qu'ils donnent au porteur le droit de se faire payer. Telles sont les promesses, les lettres de change, les billets de banque, etc.

Qu'est-ce que les lettres de change ?

Ce sont des mandats fournis par un tireur, et payables par un accepteur qui habite une autre ville du même pays ou de l'étranger. Le tireur est garant du payement de la lettre de change ; et l'accepteur, quand il l'a revêtue de son acceptation, en est garant aussi, et solidairement.

A quoi servent les lettres de change ?

Elles évitent les frais et les risques qui accompagnent les transports d'argent.

Comment cela ?

En établissant une compensation entre ce qui est dû réciproquement par deux villes différentes.

Expliquez cet effet par un exemple.

Si un habitant de Bordeaux me doit 1,000 francs, je fais sur lui une lettre de change de cette somme ; je la vends, et j'évite le risque du transport de la somme de Bordeaux à Paris. Cette lettre de change est achetée par une personne de Paris qui doit 1,000 francs à Bordeaux, et qui s'acquitte en remettant ce titre au lieu de la somme.

On peut donc vendre et acheter les lettres de change ?

Sans doute ; les vendre, c'est ce qu'on appelle les négocier.

Valent-elles autant que la somme qu'elles portent ?

Quelquefois, lorsque peu de personnes ont des créances à recevoir dans la ville où elles doivent être payées, et lorsqu'au contraire on a besoin d'y faire passer beaucoup de valeurs. Hors ce cas-là, elles ne valent pas autant que la somme qu'elles portent, d'abord parce qu'elles ne sont pas payables sur-le-champ, ensuite parce que celui qui les achète court le risque de n'être pas payé, si les tireurs et accepteurs ne sont pas gens solvables.

En quelle monnaie sont acquittées les lettres de change sur l'étranger ?

En monnaie du pays où elles doivent être acquittées ; une lettre sur Londres est payée à Londres en livres sterling.

Quand on achète à Paris une lettre sur Londres, en quelle monnaie l'acquéreur la paye-t-il ?

En monnaie de France. Le vendeur et lui conviennent que chaque livre sterling sera payée sur le pied de 24, 25 francs, ou davantage, suivant le degré de confiance que lui inspire le tireur, suivant l'éloignement de l'échéance, et le besoin plus ou moins grand que l'on a de papier sur Londres. C'est ce prix variable de la monnaie étrangère achetée à Paris, qui fait ce qu'on appelle le *cours des changes* de Paris.

Qu'est-ce qu'on appelle le pair du change ?

C'est le prix au moyen duquel la quantité d'or fin, ou d'argent fin, que la lettre de change vous donne droit de toucher à l'étranger, est précisément égale à la quantité du même métal que vous payez à Paris pour faire l'acquisition de la lettre de change.

Les billets de banque se négocient-ils comme les lettres de change ?

Non ; quand on a la conviction qu'on en touchera

le montant en monnaie à l'instant qu'on voudra, on les reçoit comme si c'était de l'argent, et on les donne sur le même pied, si celui à qui l'on doit un payement a la même persuasion.

Quelle différence y a-t-il entre une monnaie de papier et un billet de banque ?

Une monnaie de papier est un billet qui n'est point convertissable en monnaie métallique à la volonté du porteur ; un billet de banque est payable à vue et au porteur.

La plupart des papiers-monnaie portent cependant qu'ils sont de même payés à vue.

Quand cette promesse est effectuée, ce ne sont pas des papiers-monnaie, mais des billets de confiance ; quand cette promesse est illusoire, ce sont des papiers-monnaie.

Qu'est-ce qui donne de la valeur à un papier-monnaie ?

Différentes causes : notamment, la faculté accordée aux particuliers de s'en servir pour payer leurs impositions et pour acquitter leurs dettes, et surtout l'absence de tout autre instrument des échanges ; ce qui oblige les gens à avoir recours à celui-là, particulièrement lorsque les ventes et les achats ont une grande activité.

Qu'est-ce qui donne de la valeur aux billets de banque?

La certitude de pouvoir les convertir à volonté en monnaie.

Quelle assurance le public a-t-il que les billets au porteur d'une banque seront exactement payés?

Une banque bien administrée ne délivre jamais un billet sans recevoir en échange une valeur quelconque. Cette valeur est ordinairement de la monnaie, ou des lingots, ou des lettres de change. La partie du gage de ces billets qui est en monnaie peut servir directement à les acquitter. La partie qui est en lingots n'exige que le temps de les vendre. La partie qui est en lettres de change exige qu'on attende, à la rigueur, jusqu'à leur échéance, pour que la valeur de ces lettres de change puisse servir à l'acquittement des billets. On voit que, si les lettres de change sont souscrites par plusieurs personnes solvables, et si leur échéance n'est pas trop éloignée, les porteurs de billets ne courent d'autres risques qu'un léger retard.

Cependant si, à l'échéance, des lettres de change sont payées avec des billets de Banque au lieu de numéraire?

Alors ces billets rentrent dans les coffres de la Banque ; ils sont remboursés de fait.

5.

Les billets de banque peuvent donc suppléer au numé-
raire ?

Oui, jusqu'à un certain point, mais seulement
dans les villes où il y a une caisse toujours ouverte
pour les rembourser, car un billet ne vaut de l'argent comptant que lorsqu'il peut être sur-le-champ
converti en argent.

Comment s'y prend une banque pour mettre en circu-
lation ses billets ?

Quand elle se charge des recettes et des payements
pour le compte des particuliers, ou quand elle escompte des effets de commerce [1], ces fonctions la
mettent dans le cas d'opérer beaucoup de payements, dans lesquels elle offre ses billets en concurrence avec de l'argent; et ses billets, quand ils ins-
pirent une confiance parfaite, sont préférés comme
plus commodes que de l'argent.

Qu'arrive-t-il quand une banque met en circulation
une trop grande quantité de ses billets?

La quantité de ceux qui, chaque jour, viennent
se faire rembourser, balance ou surpasse la quantité
de ceux que la Banque met journellement en circu-

---

[1] Escompter des effets de commerce, c'est en payer comptant le
montant, en retenant l'escompte ou l'intérêt du temps qui doit
encore s'écouler jusqu'à leur échéance.

lation, et si le discrédit s'en mêle, si tous les billets
se présentent à la fois pour être remboursés, la difficulté qu'on éprouve toujours lorsqu'il s'agit de réa-
liser tout à la fois des valeurs considérables, expose
la Banque à de fort grands embarras.

CHAPITRE XIV.

De l'Importation et de l'Exportation
des marchandises.

Qu'entend-on par l'importation des marchandises?

L'importation est une opération commerciale par
laquelle un produit est acheté à l'étranger et apporté
dans notre pays.

Qu'entend-on par l'exportation?

C'est une opération par laquelle un produit est
acheté dans notre pays et envoyé à l'étranger.

*Les commerçants qui se chargent de ces opérations sont-
ils des nationaux ou des étrangers?*

Il sont indifféremment nationaux ou étrangers,

selon leurs goûts, leurs talents, et les capitaux qu'ils
peuvent employer à ces opérations.

*Comment les marchandises exportées d'un pays lui
sont-elles payées ?*

Par les marchandises importées. Un exemple le
fera comprendre. Un commerçant français ou américain, ou tout autre, donne l'ordre à un commis-
sionnaire français d'acheter en France et d'expédier
aux États-Unis pour 20,000 francs de soieries. Arri-
vées aux États-Unis, ces soieries se vendent 25,000
francs, je suppose. Le commerçant, entrepreneur de
cette opération, donne l'ordre à son correspondant
américain d'employer cette somme en achats de cotons, et d'expédier ces cotons en France, où ils se
vendent 30,000 francs.

L'entrepreneur, avec le produit des cotons, paye
les soieries au fabricant français, et l'excédent sert à
payer les frais de l'opération et les propres soins de
l'entrepreneur qui font partie de ses avances.

*N'aurait-il pas été plus avantageux pour la France
que le commerçant eût fait revenir la valeur des soieries
en métal d'argent plutôt qu'en coton ?*

L'intérêt de la France, dans cette occasion, n'était
pas différent de celui du négociant qui l'a entreprise. L'un et l'autre devaient désirer que la valeur

des retours fût la plus grande qu'il était possible ;
des cotons qui valent en France 30,000 francs sont,
pour le pays comme pour les particuliers qui les
fant venir, une richesse plus grande que les piastres
qui n'auraient valu que 29,000 francs.

*Cependant il semble que des piastres frappées en mon-
naie française auraient fourni un capital plus durable
que du coton ?*

Vous devez vous rappeler qu'un capital n'est pas
plus ou moins durable en raison de la matière où sa
valeur est logée, mais bien en raison de l'espèce de
consommation qu'on en fait. Un filateur de coton ne
perd aucune portion de son capital quand il trans-
forme de l'argent en coton, tandis qu'il dissipe une
portion de ses capitaux productifs lorsqu'il trans-
forme une partie des marchandises de son magasin en vaisselle d'argent, en meubles de luxe ou en
bijoux [1].

*Cependant un pays qui exporterait du numéraire, et
qui ne recevrait pas le métal dont on le fait, ne verrait-il
pas sa monnaie devenir plus rare et toutes ses ventes plus
difficiles ?*

Le numéraire deviendrait plus rare, à la vérité, si

[1] En se reportant au chapitre v (*des Capitaux*), on verra comment les capitaux se perpétuent, quoique composés de matières
fugitives. On verra également que la majeure partie des monnaies
d'or et d'argent, quoique composées de matières durables, ne font
pas partie des capitaux d'un pays.

le métal dont on le fait devenait lui-même plus
rare; mais il n'en résulterait pas que les ventes
fussent plus difficiles; car, de même que toute autre
marchandise, l'argent devient plus précieux en de-
venant plus rare; et il peut se trouver moins d'onces
d'argent dans la circulation, sans qu'il s'y trouve
moins de valeurs, si chaque once de métal vaut davantage. Comme on ne recherche pas le numéraire
pour le consommer, mais pour acheter, sa valeur
importe peu; le marchand qui en reçoit en moins
grande quantité pour ce qu'il vend, en donne à son
tour en moins grande quantité pour ce qu'il achète.
L'or est bien plus rare que l'argent; néanmoins
dans les pays où l'on se sert de monnaie d'or,
comme en Angleterre, on ne remarque pas que les
affaires soient plus difficiles que dans les pays où
l'on a des monnaies d'argent. Nous sommes, par la
même raison, fondés à croire que si, par impossible, l'argent devenait en France quinze fois moins
abondant qu'il n'est à présent, nous ne serions
encore qu'au point où se trouvent les nations qui se
servent de monnaie d'or; chaque once d'argent va-
lant quinze fois autant qu'elle vaut à présent, rem-
placerait quinze onces dont on se sert actuellement.

La quantité d'argent peut-elle être réduite à ce point par l'effet des opérations commerciales ?

Jamais, parce que le commerce lui-même trouve son profit à apporter de l'argent dans un pays où il a une valeur même très peu supérieure à celle qu'il a dans un autre pays.

Peut-on par des prohibitions faire entrer dans un pays plus d'or et d'argent que n'en réclament les besoins de ce pays ?

C'est impossible, parce que, du moment qu'il y a quelque part plus d'argent que n'en réclament les besoins, sa valeur décline par rapport à celle de toutes les autres marchandises. Si notre pays possède la quantité de métaux précieux que réclament ses besoins, les négociants qui en feraient venir n'obtiendraient pas en échange une aussi grande quantité des objets qui doivent composer leur retour, ils perdraient ; or, aucune loi ne peut forcer un négociant à entreprendre une opération de commerce qui donne de la perte.

Que concluez-vous de ces considérations ?

Que ce ne sont point les lois, mais la seule influence des prix qui fait entrer dans un pays l'or et l'argent, ou qui les en fait sortir.

Nous ne devons donc pas craindre de voir notre pays s'épuiser de numéraire par ses achats de marchandises étrangères ?

Cette crainte serait chimérique. De toute manière, un pays ne peut acquérir les produits étrangers qu'avec ce qu'il produit lui-même ; lorsque même il les paye en argent, il ne les acquiert qu'avec des produits de son sol, de ses capitaux et de son industrie ; car ce sont ces produits qui lui servent à acquérir l'argent dont il les paye.

Qu'est-ce que la balance du commerce ?

C'est l'état des exportations d'un pays comparé avec l'état de ses importations.

Si l'on pouvait avoir de pareils états exacts, qu'est-ce qu'ils apprendraient ?

Ce qu'une nation gagne annuellement dans son commerce avec l'étranger. Elle gagne d'autant plus que la somme des produits qu'elle importe surpasse la somme des produits qu'elle exporte.

Sur quel motif appuyez-vous cette conséquence ?

Dans nos relations d'affaires avec les nations étrangères, la nôtre ne saurait perdre ou gagner que ce que nos compatriotes perdent ou gagnent dans ces mêmes relations. Or, nos compatriotes gagnent d'autant plus que la valeur des retours qu'ils reçoivent surpasse davantage la valeur des marchandises qu'ils ont expédiées au dehors.

Pourquoi beaucoup de personnes croient-elles au contraire que le gain d'un pays se compose de l'excédent de ses exportations sur ses importations?

Parce qu'elles ignorent les procédés du commerce et les sources d'où provient la richesse des nations.

Si nous gagnons dans notre commerce avec une autre nation, faut-il que cette nation perde ce que nous gagnons?

Nullement; les marchandises que nous lui expédions sont évaluées par le négociant qui en fait l'envoi, sur le pied de ce qu'elles coûtent à ce négociant; la nation qui les reçoit les évalue sur le pied de la valeur qu'elles ont après avoir été transportées chez elle. De même, elle évalue celles que nous tirons de son pays, en raison de la valeur qu'elles ont chez elle, et non en raison de la valeur qu'elles ont chez nous. Ses importations peuvent donc excéder ses exportations, et les nôtres présenter le même résultat. Les choses arrivent même généralement ainsi; toutes les espèces de relations commerciales sont mutuellement avantageuses; car personne n'est forcé à faire des affaires, et il n'est aucun pays où l'on consente, d'une manière suivie, à en faire pour y perdre.

CHAPITRE XV.

Des Prohibitions.

Quelles sont les prohibitions dont il est ici question?

Ce sont les défenses faites par les lois d'importer ou d'exporter certains produits.

Sur quels produits s'étendent principalement les prohibitions ?

On prohibe, en général, la sortie des matières premières et l'entrée des produits manufacturés.

Sur quel motif s'appuie-t on?

On s'imagine que ce que l'étranger nous paye pour des matières premières n'est pas tout profit, et que ce qu'il nous paye pour notre main-d'œuvre est tout profit.

Cette opinion est-elle fondée?

Il est très vrai que lorsque l'étranger nous paye

600 fr. pour une pièce de drap, il nous rembourse pour 600 fr. d'avances qui ont été le prix de services productifs exécutés par des Français. Mais quand il nous paye 600 fr. pour une balle de laine, il nous rembourse également pour 600 fr. d'avances qui ont été le prix de services productifs exécutés de même par des Français. Dans les deux cas, cette somme est tout profit pour la France, puisqu'elle est en totalité gagnée par des Français.

Oui; mais dans le premier cas, nous ne livrons à l'étranger que 60 à 80 livres de matières; et dans le second cas, nous lui en livrons 300.

Ce n'est pas la matière qui fait l'importance de ce que nous livrons à l'étranger, c'est la valeur de la matière. S'il fallait éviter de vendre des objets pesants et encombrants, il faudrait éviter d'exporter du fer, du sel et d'autres matières qui ont très peu de valeur à proportion de leur volume.

Ne vaudrait-il pas mieux exporter du fer ouvragé que du fer en barres ?

Si, par l'exportation du fer ouvragé, nous augmentons la somme totale de nos exportations, ce genre d'envois nous est favorable ; mais l'exportation d'une valeur de 1.000 francs en fer brut nous est aussi favorable que celle de 1,000 francs en fer ouvragé. Il y a, dans les deux cas, la même somme de services productifs payés à la nation.

Dans les deux cas les profits s'adressent-ils aux mêmes classes de producteurs ?

Non; quand une demande de fer en barres est adressée par une nation étrangère à la France, il y a plus de profits obtenus par la classe des entrepreneurs, et moins par la classe ouvrière, que si l'étranger demandait du fer ouvragé. Si la demande prenait habituellement ce cours, le nombre des entrepreneurs français se multiplierait un peu plus, et celui des ouvriers un peu moins; mais les gains de la nation seraient les mêmes dans l'un et l'autre cas.

La somme des exportations n'est-elle pas plus considérable quand les lois favorisent de préférence l'exportation des objets manufacturés ?

Les lois qui favorisent le plus les exportations sont celles qui laissent le plus de liberté dans le choix des objets que le commerce envoie au dehors et qu'il reçoit en retour.

Convient-ils en conséquence, d'abolir tous les droits d'entrée ?

Non; car notre commerce avec l'étranger aurait

alors un privilège sur notre agriculture et nos fabriques qui, de leur côté, supportent leur part des impôts. L'équité veut que toutes les industries et tous les consommateurs supportent leur part des charges communes [1].

Faudrait-il supprimer tous les droits d'entrée qui excéderaient cette proportion ?

Si l'on supprimait brusquement les droits exagérés et les prohibitions, on pourrait ruiner les établissements qui ne se sont élevés qu'à la faveur des privilèges que ces droits et ces prohibitions leur assurent. Le bien même veut être exécuté avec prudence [2].

[1] Mais l'égalité existe en fait ; car la production des marchandises importées a dû acquitter les charges des pays de provenance et ensuite les frais de transport. Ces charges se compensent. Il serait d'ailleurs impossible d'en faire une péréquation exacte.   J. G.

[2] Ceci répond aux déclamations dont les écrits de M. J.-B. Say ont été l'objet, depuis quelque temps, de la part de quelques sectes obscures. On a prétendu que toutes les théories de ce savant économiste pouvaient se résumer en quatre mots : *Laissez faire, laissez passer.* Une telle assertion ne pouvait faire fortune qu'auprès de ceux qui n'ont pas lu ses ouvrages et qui ne jugent que sur la parole d'autrui.   Ch. C.

Les économistes du xviii⁰ siècle disaient aux corporations : *Laissez faire*, c'est-à-dire : Laissez travailler ; ils disaient aux douanes provinciales : *Laissez passer*, c'est-à-dire : Laissez échanger. Ils proclamaient ainsi la grande liberté du travail impliquant celle des échanges, sans demander naturellement qu'on laisse tout faire et

Quel bien résulterait-il d'un système qui diminue-
rait autant que possible les entraves et les frais qui ac-
compagnent le commerce avec l'étranger ?

Il en résulterait une plus grande activité dans nos
relations commerciales au dehors et, par conséquent, dans notre production intérieure.

Comment y gagnerions-nous une plus grande produc-
tion intérieure ?

Chaque nation ne peut consommer pour son usage
qu'un nombre borné d'objets. Si les habitants de la
France ne peuvent chaque année consommer qu'un
nombre de cinq millions de chapeaux de feutre, et
s'ils n'ont point de commerce extérieur, ils ne pourront fabriquer au delà de cinq millions de chapeaux
de feutre, car un plus grand nombre ne se vendrait
pas. Mais s'ils importent du sucre et du café, ils
pourront fabriquer peut-être un million de chapeaux
en sus, qui seront exportés pour payer du sucre et
du café. Ils auront produit, pour ainsi dire, leur sucre en chapeaux.

Je conçois cet avantage, quand il s'agit de nous procu-
rer des denrées que nous ne pouvons pas créer nous-

---

tout passer, comme les en ont accusés les écoles socialistes auxquelles
Ch. Comte fait allusion, ainsi que les prohibitionnistes triomphant
sous la Restauration et depuis.   **J. G.**

mêmes ; mais quant aux produits que nous pour-
rons créer chez nous, pourquoi les tirerions-nous de
l'étranger ?

Il nous est avantageux de les tirer de l'étranger si,
avec les mêmes frais de production, nous obtenons
ainsi une plus grande quantité de produits.

Expliquez-moi cela par un exemple.

Si nous tirons d'Allemagne 100,000 aunes de ru-
bans de fil, nous importons une marchandise que
nous pourrions produire immédiatement nous-
mêmes, mais qu'il nous convient mieux d'importer
que de fabriquer ; car leur fabrication nous coûterait, par supposition, 7,000 francs, tandis que nous
les payons avec 2,000 aunes de taffetas qui ne nous
coûtent que 6,000 francs de frais de production.

C'est fort bien si nous sommes admis à les payer en
soieries ; mais ne serions-nous pas en perte s'il fallait les
payer en argent ?

Rappelez-vous le précédent chapitre ; comme nous
n'avons point de mines d'argent, il faut toujours que
nous fassions, avec des produits de notre sol et de
notre industrie, l'acquisition de l'argent que nous
payons à l'étranger. De toutes les manières, en dernier résultat, nous ne payons les produits étrangers
qu'avec nos produits.

Mais, dans ce commerce, ne peut-on pas perdre comme gagner ?

Toutes les fois qu'un commerce se soutient, c'est qu'il donne du bénéfice aux commerçants. Il en donne aussi aux agriculteurs et aux fabricants nationaux dont les commerçants achètent les produits. Il convient de même aux consommateurs nationaux qui, par le moyen du commerce avec l'étranger, obtiennent soit des produits que leur pays ne fournit pas, soit à meilleur marché des produits que leur pays pourrait créer, mais plus dispendieusement. Si tout le monde y gagne, comment la nation y perdrait-elle ?

CHAPITRE XVI.

Des Règlements relatifs à l'exercice de l'industrie.

Quels règlements fait-on communément relativemeut à l'industrie ?

Les lois et les règlements que le gouvernement fait à ce sujet ont pour objet, soit de déterminer les produits dont il faut ou dont il ne faut pas s'occuper, soit de prescrire la manière dont les opérations de l'industrie doivent être conduites.

Quels exemples a-t-on de la manière dont un gouvernement détermine la nature des produits ?

Dans l'agriculture, lorsqu'il interdit tel ou tel genre de culture, celle de la vigne, par exemple, ou lorsqu'il donne des encouragements extraordinaires à d'autres cultures, comme à celle du blé.

Dans les manufactures, lorsqu'il favorise certaines fabrications, comme celle des soieries, et oppose des prohibitions ou des gênes à d'autres fabrications, comme à celle des cotonnades.

Dans l'industrie commerciale, lorsqu'il favorise par des traités les communications avec certain pays et les interdit avec un autre, ou lorsqu'il accorde des privilèges au commerce d'une telle marchandise et prohibe le commerce de telle autre.

Quel but se propose le gouvernement par ces protections et ces entraves ?

D'encourager la création des produits qu'il suppose les plus favorables à la prospérité publique.

Quels sont, en réalité, les produits les plus favorables à la prospérité publique ?

Ce sont ceux qui acquièrent le plus de valeur par comparaison avec leurs frais de production.

6

*Pourquoi sont-ils plus favorables à la prospérité pu-
blique ?*

Parce que leur plus haute valeur indique le besoin
qu'on en a, et parce qu'une plus grande création de
valeur est une plus grande création de richesse.

Leur production a-t-elle besoin d'être encouragée ?

Nullement ; car cette circonstance même la rend
plus lucrative qu'une autre.

*Quels sont les produits qui ne peuvent se passer d'en-
couragement ?*

Ce sont ceux qu'il ne convient pas de produire, et
dont sans cela les producteurs ne voudraient pas s'occuper. En favorisant leur production, on encourage
des opérations moins avantageuses que les autres,
et qui emploient des capitaux, des travaux et des
soins qui rapporteraient davantage étant appliqués à
d'autres objets.

*Comment le gouvernement peut-il se mêler de la ma-
nière dont les produits peuvent être exécutés ?*

Pour les manufactures, il prescrit quelquefois le
nombre de gens qui doivent y gagner leur vie et les
conditions qu'ils doivent remplir, comme lorsqu'il
établit des corporations, des maîtrises et des compa-
gnonnages ; ou bien il détermine les matières qu'il

faut employer, le nombre de fils que doivent porter la chaîne et la trame des étoffes. Pour l'industrie commerciale, il prescrit dans certains cas la route que devront tenir les marchandises, le port où elles devront débarquer, etc.

Quel est le prétexte sur lequel on se fonde pour établir les corporations et les maîtrises ?

On se flatte de pouvoir exclure les hommes sans probité et sans capacité du droit d'exercer une profession, et l'on se persuade que le public sera moins souvent trompé dans ses achats.

L'expérience vient-elle à l'appui de cette assurance ?

Nullement; parce que les hommes sans probité et sans capacité font aussi facilement que d'autres les preuves exigées pour entrer dans une corporation.

On peut ajouter que lorsqu'on donne à certains hommes le droit de juger de la manière de travailler de certains autres, on s'expose à des jugements dictés par l'ignorance ou la routine, par la rivalité ou la prévention. Le seul juge compétent des produits est le consommateur.

Quel est l'effet réel des corporations par rapport au public ?

De lui faire payer plus cher de plus mauvais produits.

Comment présumez-vous cet effet ?

En premier lieu, toute corporation augmente les frais de production, car les entrepreneurs d'industrie doivent contribuer pour subvenir aux dépenses du corps. En second lieu, la corporation est intéressée à écarter, sous différents prétextes, autant de concurrents qu'elle se peut, et surtout ceux qui, par leur génie et leur activité, pourraient surpasser leurs confrères. Aussi remarque-t-on que les lieux où les arts industriels font le plus de progrès sont ceux où tout homme peut librement exercer toutes les industries.

Quel est l'effet des corporations relativement aux ouvriers ?

Elles facilitent les combinaisons coupables des maîtres pour établir le prix des salaires plus bas que le taux où il serait porté par la concurrence, et pour restreindre le nombre des apprentis afin de ne pas se créer des concurrents.

Mais si les ouvriers, de leur côté, s'entendent pour exiger un certain salaire ?

Ce sont alors les ouvriers qui forment une corporation non autorisée, et tout aussi préjudiciable que les corporations autorisées.

*Pourquoi nommez-vous ces combinaisons « cou-
pables? »*

Parce qu'elles violent le droit qu'ont tous les
hommes de gagner leur vie comme ils peuvent,
pourvu qu'ils ne portent atteinte ni à la sûreté ni à
la propriété d'autrui. Elles violent aussi le droit
qu'ont tous les consommateurs d'acheter les choses
dont ils ont besoin aux prix où une libre concurrence peut les porter[1].

*N'y a-t-il pas d'autres motifs qui doivent faire re-
pousser les corporations et les maîtrises?*

Il y en a beaucoup d'autres ; mais on peut dire en
général qu'aucun règlement, aucune loi ne sauraient
produire une seule parcelle de richesse, une seule
parcelle des biens qui font subsister la société; ce
pouvoir est réservé à l'industrie, aidée de ses instruments (les capitaux et les terres). Tout ce que les lois
et les règlements peuvent faire à cet égard, c'est
d'ôter aux uns ce qu'ils donnent aux autres ou de
gêner les opérations productives. Dans de certains

---

[1] Toute personne a sans doute le droit de fixer le prix de son
travail et de ne pas travailler pour un prix inférieur à celui qu'elle
a déterminé ; mais les individus qui, par menaces ou par violences
empêchent de travailler des personnes qui n'ont pas d'autres moyens
d'existence que leur travail, se rendent coupables d'un attentat qui
mérite une répression sévère, car ils attentent indirectement à la vie
de leurs semblables. Cn. C.

6.

cas, cette gêne est indispensable [1], mais on doit la regarder comme un remède qui a toujours des inconvénients, et qu'il faut employer aussi rarement qu'il est possible.

———— — —

III

CHAPITRE XVII.

De la Propriété [2].

Qu'est-ce qui fait qu'une chose devient une propriété ?

C'est le droit garanti à son propriétaire d'en dis-

[1] Cas fort rares, relatifs à la salubrité, à la défense nationale, à la perception des impôts ; mais l'entrave et la gêne n'ont jamais servi à féconder la production, à activer la circulation, à rendre la distribution plus juste et la consommation plus rationnelle. J. G.

[2] Les jurisconsultes qui ont écrit sur la propriété n'en ont jamais bien observé ni l'origine ni la nature, j'en ai dit ailleurs les raisons (*Traité de la Propriété*, tome II, chap. xlvii). Les idées fausses ou incomplètes que la plupart d'entre eux en ont donnée ont induit les économistes en erreur, ou du moins les ont empêchés d'en observer tous les éléments. Quelques-uns ont vu la propriété tout entière dans la garantie donnée par l'autorité publique. Ils se sont imaginé qu'il appartenait au gouvernement de déterminer la part de biens qui

poser à sa fantaisie, à l'exclusion de toute autre personne.

Par qui ce droit est-il garanti ?

Par les lois et les usages de la société.

Quelles sont les choses qui composent les propriétés des hommes ?

Ce sont ou des produits ou bien des fonds productifs[1].

Qu'observez-vous relativement aux produits qui composent une partie de nos propriétés ?

Que ces produits doivent être distingués en deux classes. L'une se compose de produits destinés à satisfaire des besoins ou à procurer des jouissances ; tels sont les aliments, les vêtements, et tout ce qui se consomme dans les familles ; ces produits ne font partie de notre bien que pendant un temps très court, durant l'intervalle seulement qui sépare leur acquisition de leur consommation ; et comme ils

serait dévolue à chacun. Ce sujet est trop vaste et trop compliqué pour qu'il soit possible de l'exposer dans quelques notes, ou de réfuter ici les erreurs auxquelles il a donné lieu. Je suis donc obligé de renvoyer les personnes qui voudraient s'en occuper à l'ouvrage dans lequel j'en ai traité spécialement.   Cu. C.

[1] Les jurisconsultes ne voient dans la propriété qu'un droit ; J.-B. Say y voit en outre des choses, et il se rapproche davantage de la vérité. Cu. C. — Il s'en rapproche tout à fait. J. G.

sont voués à une destruction plus ou moins rapide, nous pouvons les négliger dans la revue que nous faisons de nos propriétés.

L'autre classe de produits consiste dans ceux que nous employons dans les opérations productives ; tels sont ceux qui remplissent les ateliers et les magasins. Comme la consommation de ceux-ci est remboursée par la création d'un nouveau produit, nous pouvons les regarder, quoique consommables, comme un fonds permanent. Ils renaissent perpétuellement, et composent ce que nous appelons nos capitaux.

De quelle manière le propriétaire d'un fonds capital en a-t-il acquis la possession ?

Par la production et par l'épargne. Le capital qui vient d'un don ou d'une succession a été originairement acquis de la même manière.

N'y a-t-il pas des propriétés capitales qui, quoique formées de produits, sont immobilières ?

Oui, des améliorations foncières, des maisons, proviennent de valeurs mobilières d'abord, de matériaux qui ont été tranformés en valeurs immobilières.

Indiquez-moi d'autres propriétés du genre des capitaux ?

La clientèle d'une étude de notaire, la chalandise d'une boutique, la vogue d'un ouvrage périodique, sont des biens capitaux, puisqu'ils ont été acquis par des travaux soutenus et qu'ils sont productifs d'un produit annuel.

Comment évalue-t-on les propriétés qui se composent de capitaux ?

Par leur valeur échangeable, par le prix qu'on en pourrait tirer si on les vendait.

Quel autre fonds productif fait partie de nos propriétés ?

Nos facultés industrielles font encore partie de nos propriétés. Elles se composent des facultés, naturelles ou acquises, dont nous pouvons tirer un service productif et, par conséquent, un revenu.

D'où tenons-nous ce genre de propriétés ?

La force corporelle, l'intelligence, les talents naturels, sont des dons de la nature ; notre instruction, nos talents acquis sont les fruits de nos soins et de nos peines. Cette dernière partie de nos facultés industrielles peut passer pour une propriété capitale, puisqu'elle est le fruit d'un travail exécuté par nous, et d'une avance dont nos parents ont fait les frais en nous élevant jusqu'à l'âge où nous pouvons en tirer parti.

Comment un homme peut-il évaluer cette partie de ses propriétés nommées facultés industrielles ?

Comme on ne saurait aliéner cette propriété, elle n'a point de valeur échangeable. On peut bien en vendre les fruits, qui sont des services productifs, mais on ne peut pas en vendre le fonds. Néanmoins elle peut s'évaluer par les profits ou le revenu annuel qu'on en tire. Un simple manouvrier, qui tire de ses services trois ou quatre cents francs par an, est moins riche qu'un peintre ou un habile médecin qui en tirent vingt mille francs.

Il convient de remarquer que les facultés industrielles sont des propriétés viagères qui meurent avec nous.

Quels autres fonds productifs font partie de nos propriétés ?

Les fonds de terre, dans lesquels il faut comprendre non seulement les terres cultivables, mais les cours d'eau, les mines et, en général, tous les instruments naturels qui ont pu devenir des propriétés exclusives.

D'où tenons-nous ce genre de propriétés ?

C'est un don que le créateur a fait au premier occupant, et dont la transmission est réglée par les lois. Les propriétés foncières qui n'ont pas été transmises légalement depuis le premier occupant jusqu'à leur possesseur actuel, remontent nécessairement à une spoliation violente ou frauduleuse, récente ou ancienne.

Comment évalue-t-on les propriétés foncières ?

Étant transmissibles par la vente, on peut les évaluer par leur valeur échangeable.

Quelle est la plus sacrée des propriétés ?

C'est la plus incontestable; c'est celle des facultés industrielles. Elles ont certainement été données à celui qui les possède et à nul autre. Celles de ces facultés qui sont naturelles lui ont été données par la nature ; et celles qui sont acquises sont le fruit de ses peines. C'est ce genre de propriété qui est méconnu et violé là où l'esclavage est admis [1].

---

[1] S'il est incontestable que les facultés corporelles et intellectuelles d'un individu sont une partie essentielle de sa personne, ceci revient à dire que l'homme est un objet plus sacré que les choses au moyen desquelles il pourvoit à son existence.　　Ch. C.

Après les facultés industrielles, quelle propriété est la plus sacrée ?

C'est celle des capitaux, parce qu'ils sont la propre création de l'homme qui les possède ou de ceux qui les lui ont transmis. Les capitaux sont des épargnes ; celui qui a épargné, qui a retranché sur sa consommation pour former un capital, pouvait ne pas faire cette épargne ; il pouvait détruire le produit qu'il a épargné. Dès lors il pouvait légitimement anéantir toute prétention qu'une autre personne aurait élevée sur le même produit ; nulle prétention légitime autre que la sienne ne peut donc subsister sur cette propriété.

C'est par une suite du même principe que les propriétaires des fonds productifs doivent être reconnus comme propriétaires des produits qui en émanent ; et en consacrant ce principe, la société consacre une règle hautement favorable à ses intérêts.

Par quelle raison ?

Parce que la société ne vit que par le moyen de ses produits, et que les hommes qui possèdent les fonds productifs les laisseraient oisifs, s'ils ne devaient pas avoir la jouissance de leurs fruits.

Si le propriétaire d'un fonds de terre a la jouissance

*exclusive des fruits de sa terre, quel avantage en résulte-
t-il pour le reste de la société?*

Les fruits d'une terre n'appartiennent pas en totalité au propriétaire du fonds. Ils appartiennent en
même temps et à lui, et à ceux qui ont fourni les
services de l'industrie et les services du capital qu'il
a fallu mettre en œuvre pour produire le fonds de
terre. Ces fruits se partagent suivant les conventions
faites entre les producteurs, et la portion qui échoit
à chacun d'eux est le produit de son fonds.

*Pourquoi est-il avantageux pour la société que les pro-
priétés capitales soient respectées?*

Parce qu'aucune entreprise industrielle ne peut
être formée et que, par conséquent, aucun produit ne
peut être créé, sans des avances faites par le moyen
des valeurs capitales. Si une propriété capitale peu
se trouver compromise, son propriétaire, au lieu de
la consacrer à la production, aimera mieux l'enfouir
ou la consommer pour ses plaisirs; dès lors les terres
que ce capital aurait fait fructifier, les bras qu'il
aurait mis en activité, resteront oisifs.

*Pourquoi est-il avantageux à la société que les capaci-
tés industrielles soient des propriétés respectées?*

Parce que rien ne donne plus d'émulation à

7

l'homme dans l'exercice de ses facultés, rien n'excite plus puissamment à les étendre, que le choix le plus libre dans la manière de les employer, et la certitude de jouir tranquillement du fruit de ses labeurs; d'un autre côté, les terres et les capitaux ne travaillent jamais plus profitablement que là où se rencontre un grand développement de facultés industrielles.

Quel est, du riche ou du pauvre, le plus intéressé au maintien des propriétés quelles quelles soient ?

C'est le pauvre, parce qu'il n'a d'autres ressources que ses facultés industrielles, et qu'il n'a presque aucun moyen d'en tirer parti là où les propriétés ne sont pas respectées. Dans ce dernier cas, il est rare qu'un riche ne sauve pas quelques portions de ce qui lui appartient, et le plus grand nombre des pauvres ne recueille aucun profit de la dépouille des riches; bien au contraire, les capitaux fuient ou se cachent, nul travail n'est demandé, les terres restent en friche, et le pauvre meurt de faim. C'est un très grand malheur que d'être pauvre; mais ce malheur est plus grand encore lorsqu'on n'est entouré que de pauvres comme soi.

CHAPITRE XVIII.

De la source de nos Revenus.

Qu'appelez-vous nos revenus ?

Ce sont les profits qui se renouvellent journellement et sur lesquels vivent les familles, les individus.

Où est la source de nos revenus ?

Elle est dans nos fonds productifs, qui sont nos facultés industrielles, nos capitaux, nos fonds de terre.

Comment une valeur nouvelle sort-elle chaque jour, chaque année, de ces valeurs permanentes ?

L'action de nos fonds productifs attache une utilité à des produits; cette utilité leur donne de la valeur, et cette valeur compose un revenu aux propriétaires des fonds productifs.

Éclaircissez ce fait par des exemples.

Un cultivateur qui fait naître du blé ne le tire pas du néant; mais il tire du néant l'utilité, la faculté de nourrir qu'il communique aux matières qui composent le blé. De là une valeur nouvelle mise au monde, une valeur que ce cultivateur doit à ses facultés industrielles, qui sont son intelligence et sa force corporelle ; à sa charrue et à ses animaux de labour, qui font partie de son capital ; à son champ, enfin, qui fait partie de ses fonds de terre. Dès lors le cultivateur peut vivre de son blé, ou de ce qu'il obtient en échange de son blé.

Comment un cultivateur peut-il se faire un revenu quand il ne possède ni capital, ni terre ?

Il achète alors les services d'un capital et d'un fonds de terre, c'est-à-dire qu'il emprunte de l'argent et loue une ferme, de la même manière qu'il achète les services de ses valets et de ses moissonneurs par le salaire qu'il leur paye ; et sur le revenu total de la ferme, il ne lui reste plus, pour son propre revenu, que les profits de son industrie personnelle.

Que concluez-vous de là ?

Que les services productifs que peuvent rendre une industrie, un capital, un fonds de terre, sont le premier revenu de nos fonds, et que la production n'est qu'un premier échange où nous donnons nos services productifs pour recevoir des produits. Ces produits sont ensuite échangés contre de l'argent, des vivres, des habits, contre toutes les choses dont la nature nous a fait des besoins ou qui peuvent contribuer à la satisfaction de nos goûts.

Les personnes qui ne possèdent point de fonds productifs n'ont donc aucun revenu?

Non.

Comment vivent-elles?

Sur le revenu d'autrui.

Dans quels cas le revenu d'une personne est-il plus ou moins grand?

Il est d'autant plus grand que, dans cet échange des services productifs contre des produits, on obtient une plus grande quantité de produits, c'est-à-dire d'utilité produite, et qu'on donne une moins grande quantité de services productifs.

Éclaircissez cela par un exemple.

Si un arpent de terre donne une fois plus de blé qu'un autre arpent, le revenu du premier est double du revenu de l'autre. Un attelage de la même valeur, qui, dans le même espace de temps, laboure une fois plus de terrain, est un capital qui donne un revenu double de celui d'un autre attelage. Si dans le même nombre de jours, avec un même capital et un même terrain, un cultivateur obtient une fois plus de blé qu'un autre, son revenu industriel est double.

L'augmentation du revenu est le résultat de ce que nous avons nommé les progrès de l'industrie.

Cette augmentation de revenu est-elle toujours au profit de l'auteur de ces progrès ?

Non, pas toujours ; quand un homme est parvenu à obtenir des mêmes fonds productifs une plus grande quantité de produits, si les produits restent au même prix, son revenu est augmenté ; mais si la concurrence le force à baisser ses prix en proportion de l'accroissement de sa production, ce sont les revenus des consommateurs qui en sont accrus.

Comment les revenus des consommateurs sont-ils accrus par la baisse d'un produit ?

Quand l'homme qui consacrait 36 francs de son revenu à l'achat d'un sac de farine n'est plus obligé de le payer que 30 francs, son revenu se trouve accru de 6 francs pour chaque sac de farine qu'il est dans le cas d'acheter, puisqu'il peut employer ces 6 francs à l'achat de tout autre produit.

Le revenu d'une personne peut-il provenir de différentes sources ?

Certainement ; le revenu total de chaque personne se compose de la somme de toutes les valeurs que cette personne retire de l'exercice et de l'emploi de ses facultés industrielles, de ses capitaux et de ses fonds de terre.

De quoi se forme le revenu d'une nation ?

Le revenu d'une nation est la somme de tous les revenus des particuliers qui la composent.

Qu'est-ce que le revenu annuel d'un particulier, d'une nation ?

Ce sont toutes les portions de revenu, tous les profits qu'ils recueillent dans tout le cours d'une année.

CHAPITRE XIX.

De la Distribution de nos Revenus.

A qui appartiennent les produits journellement créés dans une nation ?

Ils appartiennent aux industrieux, aux capitalistes, aux propriétaires fonciers, qui, soit par eux-mêmes, soit par le moyen de leur instrument, sont les auteurs de ces produits, et que nous avons en conséquence nommés producteurs.

Comment la valeur d'un produit unique se distribue-t-elle entre plusieurs producteurs?

Par l'intermédiaire des entrepreneurs d'industrie qui, s'étant rendus acquéreurs de tous les services nécessaires pour une opération productive, deviennent propriétaires uniques de tous les produits qui en résultent.

Comment se rendent-ils acquéreurs des services d'une terre?

En l'affermant. Un fermier, qui est un entrepreneur de culture, fait avec le propriétaire un marché à forfait au moyen duquel il lui paye une somme fixe, pour l'action de sa terre, qu'il exploite dès lors pour son compte. Le propriétaire renonce au revenu variable qui peut résulter de l'action de sa terre, suivant les saisons et les circonstances, pour recevoir en place un revenu fixe qui est le fermage.

Comment les entrepreneurs d'industrie se rendent-ils acquéreurs des services d'un capital?

En l'empruntant et en payant au capitaliste un intérêt. Le capitaliste change ainsi en un revenu fixe le résultat incertain du service de ce capital que l'entrepreneur fait travailler pour son compte [1].

L'entrepreneur ne se rend-il pas acquéreur aussi de plusieurs genres de travaux industriels ?

Oui; il acquiert par un traitement ou un salaire les services des employés, des ouvriers par qui il a besoin d'être secondé, et ceux-ci changent ainsi contre un revenu fixe la part qu'ils peuvent prétendre dans le produit qui résulte de leurs travaux.

Un produit n'est-il pas quelquefois le fruit de plusieurs entreprises successives ?

C'est le cas le plus fréquent.

Comment sa valeur se distribue-t-elle alors entre les différents entrepreneurs qui ont concouru à sa production, chacun pour son compte ?

Chaque entrepreneur, en achetant la matière première de son industrie, rembourse à l'entrepreneur qui le précède toutes les avances que ce produit a exigées jusque-là et, par conséquent, toutes les portions de revenus que ses producteurs ont acquises jusqu'à lui.

---

[1] L'intérêt des bonifications et bâtiments qui se trouvent sur un bien-fonds et qui sont un capital engagé, se confond avec le fermage du bien-fonds. La même observation s'applique aux loyers des maisons d'habitation.

7.

Je voudrais en avoir un exemple.

Interrogez l'habit que vous portez ; il vous dira qu'il est le résultat en premier lieu de l'entreprise d'un fermier, qui, en vendant sa laine, a été remboursé de toute les avances qu'il a faites lorsqu'il a payé aux différents producteurs de la laine les diverses portions de revenus auxquelles ce produit leur donnait des droits.

Le prix de cette laine, qu'achète un fabricant de draps, a été à son tour une avance que celui-ci a faite. Il y a ajouté d'autres avances, en achetant des drogues de teintures, en payant le service de ses commis, de ses ouvriers ; et il a été remboursé du tout par la vente de son étoffe à un marchand de draps.

Celui-ci, qui est entrepreneur d'une entreprise commerciale, a traité le drap comme étant la matière première de son industrie. L'achat qu'il en a fait a été une avance dont il a été remboursé à son tour par vous, quand vous avez acheté votre habit.

En examinant ainsi la marche de quelque produit que ce soit, on trouvera que sa valeur s'est répandue entre une foule de producteurs, dont plusieurs peut-être ignorent l'existence du produit auquel ils ont concouru ; tellement qu'un homme qui porte un habit de drap est peut-être, sans s'en douter, un des capitalistes et, par conséquent, un des producteurs qui ont concuru à sa formation.

La société ne se divise donc pas en producteurs et en consommateurs ?

Tout le monde est consommateur, et presque tout le monde est producteur. Car pour n'être pas producteur, il faudrait n'exercer aucune industrie, n'avoir aucun talent, et ne posséder ni la plus petite portion de terre, ni le plus petit capital placé.

———

CHAPITRE XX.

Des causes qui influent sur les Revenus quels qu'ils soient.

Qu'entendez-vous par les causes qui influent sur les revenus ?

J'entends les circonstances qui font que les producteurs gagnent plus ou moins.

Pouvez-vous décrire ici toutes les circonstances qui ont un effet de ce genre ?

Non, parce qu'elles sont très nombreuses et très

compliquées, mais je peux faire remarquer les principales.

Qu'est-ce qui fait en général que les producteurs gagnent davantage ?

Ils gagnent davantage toutes les fois que les produits dont ils s'occupent sont plus vivement demandés.

Dans que cas sont-ils plus vivement demandés ?

Ils le sont d'autant plus que la population qui les entoure est plus civilisée et produit davantage elle-même.

Qu'entendez-vous par une population civilisée ?

J'entends une population qui a les goûts et les besoins d'un peuple civilisé, qui respecte les personnes et les propriétés, habite dans des maisons décentes et meublées, se nourrit d'aliments sains et variés, se couvre de bons vêtements, cultive les arts et les talents de l'esprit.

Pourquoi faut-il qu'une nation ait ces goûts et ces besoins pour faire fleurir la production ?

Parce que les produits destinés à les satisfaire n'ont d'utilité, n'ont une valeur, que là où ces besoins existent.

Pourquoi avez-vous dit que la seconde condition nécessaire pour que les produits fussent vivement demandés était que la population environnante produisit beaucoup elle-même ?

Parce que les hommes ne peuvent acheter les produits qui leur sont nécessaires qu'avec les objets qu'ils produisent eux-mêmes. C'est avec les produits de son industrie que le maître maçon peut acheter les services productifs d'un horloger, en se procurant une montre ; et c'est avec des montres que l'horloger paye les services productifs du maître maçon, en prenant un logement. Il en est ainsi des autres producteurs ; tous consomment d'autant plus qu'ils produisent davantage.

N'y a-t-il pas une cause qui nuit essentiellement à ce que les produits soient vivement demandés ?

Oui, c'est leur cherté comparée avec la satisfaction qui peut résulter de leur consommation.

Expliquez-moi cet effet.

Les petites fortunes dans tous les pays sont les plus nombreuses, et les premiers produits dont leurs possesseurs s'imposent la privation sont ceux dont l'utilité n'est pas proportionnée à leur cherté. Aussi voit-on que du moment qu'un produit baisse de prix (comme il arrive quand on parvient à le pro-

duire avec moins de frais) et qu'il entre par là dans
la région où les fortunes sont plus nombreuses, la
demande qu'on en fait s'étend rapidement, et une
demande plus vive améliore les profits des producteurs.

CHAPITRE XXI.

Du Revenu des Industrieux.

A qui donnez-vous le nom d'industrieux ?

On donne le nom d'industrieux ou d'industriel [1]
aux hommes qui tirent leur principal revenu de
leurs facultés industrielles ; ce qui n'empêche pas
qu'ils ne soient en même temps capitalistes, s'ils
tirent un revenu d'un capital quelconque, et propriétaires fonciers, s'ils en tirent un autre d'un bien-
fonds.

[1] Voyez ce qui est dit au chapitre VII à propos du mot « industrieux » et qui peut être répété pour le mot « industriel », dont
J.-B. Say fait ici un synonyme et qui s'applique plus spécialement à
ceux qui exercent plus spécialement l'industrie manufacturière. Au
lieu de « revenu des industrieux », nous disons maintenant « salaire »
pour toutes les catégories d'employés, et « bénéfice » ou « profit »
pour ce qui reste à l'entrepreneur ou à l'employeur.   J. G.

Quel classement convient-il de faire parmi les indus-trieux pour se former des idées justes sur leurs re-venus ?

On peut les diviser en deux grandes classes : ceux qui travaillent pour leur propre compte, ou les en-trepreneurs d'industrie, et ceux qui travaillent pour le compte des entrepreneurs et sous leur direction, comme les commis, les ouvriers, les gens de peine.

Dans quelle classe mettez-vous les banquiers, les cour-tiers, les commissionnaires en marchandises, qui tra-vaillent pour le compte d'autrui?

Dans la classe des entrepreneurs, parce qu'ils exercent leurs fonctions par entreprise, se chargeant de trouver les moyens d'exécution et les employant à leurs frais. On peut ranger dans la même classe les savants qui recueillent et conservent les notions dont l'industrie fait son profit.

Quelle est la première observation à faire sur les re-venus des entrepreneurs d'industrie ?

Qu'ils sont toujours variables et incertains, parce qu'ils dépendent de la valeur des produits et qu'on ne peut pas savoir d'avance avec exactitude quels seront les besoins des hommes et le prix des produits qui leur sont destinés.

Qu'observez-vous ensuite ?

Que parmi les industrieux ce sont les entrepreneurs d'industrie qui peuvent prétendre aux plus hauts profits. Si plusieurs d'entre eux se ruinent, c'est aussi parmi eux que se font presque toutes les grandes fortunes.

A quoi attribuez-vous cet effet, quand il n'est pas l'effet d'une circonstance inopinée ?

A ce que le genre de service par lequel les entrepreneurs concourent à la production est plus rare que le genre de service des autres industrieux.

Pourquoi est-il plus rare ?

D'abord, parce qu'on ne peut pas former une entreprise sans posséder, ou du moins sans être en état d'emprunter le capital nécessaire ; ce qui exclut beaucoup de concurrents. Ensuite, parce qu'il faut joindre à cet avantage des qualités qui ne sont pas communes : du jugement, de l'activité, de la constance, et une certaine connaissance des hommes et des choses.

Ceux qui ne réunissent pas ces conditions nécessaires ne sont pas des concurrents, ou du moins ne le sont pas longtemps, car leurs entreprises ne peuvent pas se soutenir.

Quelles sortes d'entreprises sont les plus lucratives ?

Celles dont les produits sont le plus constamment et le plus infailliblement demandés et, par conséquent, celles qui concourent aux produits alimentaires et à créer les obj... les plus nécessaires.

Pourquoi les profits que font les savants, en leur qualité de savants, sont-ils si peu considérables?

Parce que les services qu'ils rendent ne se consomment pas par l'usage qu'on en fait. Quand un savant a enseigné aux artistes que l'on peut purifier les huiles par des acides ou décolorer les sucres bruts par du charbon animal, les artistes peuvent faire usage constamment de ces utiles procédés sans recourir de nouveau à la source d'où ils les ont originairement tirés ; et bientôt après, les consommateurs jouissent gratuitement d'une connaissance dont tout le monde peut tirer parti, sans qu'il soit besoin d'en faire l'acquisition à prix d'argent.

Quel classement peut-on faire parmi les ouvriers?

Ils sont ou de simples manouvriers, ou des gens de métiers, comme les ouvriers charpentiers, maçons, serruriers, etc.

Qu'observez-vous relativement à leurs salaires?

Que, dans les cas ordinaires, le salaire du simple manouvrier ne s'élève pas au-dessus du taux néces-

saire pour le faire subsister lui et sa famille; parce
que, pour exécuter son service, il ne faut pas d'autre
condition que d'être homme, et qu'un homme naît
partout où il peut subsister.

*Qu'observez-vous relativement au salaire des gens de
métier ?*

Qu'il est constamment plus élevé que celui des
hommes de peine; car le même nombre de personnes de cette classe ne peut être constamment entre-
tenu qu'autant que leur salaire paye, indépendam-
ment de leur entretien, les frais de leur apprentissage.

De plus, comme leur service exige un peu plus
d'intelligence et d'adresse naturelle que le travail du
manouvrier, il y a un peu moins de concurrents capables de s'en charger.

*Qu'entendez-vous par ce qui est nécessaire pour faire
subsister un ouvrier et sa famille ?*

J'entends cette somme de consommations faute
desquelles les familles de cette classe ne se main-
tiendraient pas en même nombre. Cette somme dé-
pend des besoins que les habitudes et les opinions
du pays ont fait une loi de satisfaire. Cinquante
familles d'ouvriers français ne subsisteraient pas de
ce qui suffit à cent familles d'ouvriers dans l'Indous-
tan.

———————

CHAPITRE XXII.

Du Revenu des Capitalistes et des propriétaires fonciers.

Comment fait-on pour tirer un revenu d'un capital qu'on possède ?

On le fait valoir dans une entreprise industrielle, ou bien on le prête à une autre personne plus à portée de le faire valoir dans une semblable entreprise.

Que signifient ces mots : faire valoir un capital ?

Ils signifient faire l'avance des frais de production pour être remboursé avec profit de cette avance par le produit qui en résulte.

Comment un profit résulte-il de cette opération pour le capital qui a servi ainsi ?

La valeur du produit qui résulte de l'avance d'un capital et des autres services productifs paye le loyer de cette avance; et si le prix du produit ne suffisait pas pour cela, sa production ne se continuerait pas, car elle n'indemniserait pas tous les producteurs des sacrifices qu'elle exigerait de leur part.

*Quand un entrepreneur s'est servi d'un capital em-
prunté, qui est-ce qui s'approprie ce profit?*

C'est l'entrepreneur d'industrie, mais il doit à son
prêteur l'intérêt fixe qu'il s'est engagé à lui payer
pour avoir la jouissance de son capital. L'entrepreneur perd ou gagne sur ce marché à forfait, selon
qu'il retire, de l'emploi qu'il a fait du capital,
un profit inférieur ou supérieur à l'intérêt qu'il en
paye.

Quelles causes influent sur le taux des intérêts?

L'intérêt des capitaux prêtés, quoique exprimé par
un prix unique, un *tant pour cent* du capital prêté,
doit réellement se décomposer en deux parts.

Expliquez cela par un exemple.

Si vous prêtez une somme, et que vous conveniez
avec l'emprunteur d'un intérêt de six pour cent par
année, il y a dans ce loyer quatre pour cent (plus ou
moins) pour payer le service que votre capital peut
rendre à l'entrepreneur qui le fera valoir, et deux
pour cent (plus ou moins) pour couvrir le risque que
vous courez qu'on ne vous rende pas votre capital.

Sur quoi fondez-vous cette présomption?

Sur ce que, si vous trouvez à prêter le même capital, avec toute sûreté, sur une hypothèque bien sûre,

vous le prêterez à quatre pour cent (plus ou moins).
Le surplus est donc une espèce de prime d'assurance
qu'on vous paye pour vous indemniser du risque
que vous courez.

*En mettant de côté cette prime d'assurance, qui varie
suivant le plus ou le moins de solidité des placements,
quelles sont les causes qui influent sur le taux de l'intérêt proprement dit ?*

Le taux de l'intérêt hausse lorsque ceux qui em-
pruntent ont des emplois de capitaux nombreux,
faciles et lucratifs, parce qu'alors beaucoup d'entrepreneurs d'industrie sont jaloux de participer aux
profits que présentent des emplois de capitaux, et
les capitalistes sont plus portés à les faire travailler
eux-mêmes; ce qui augmente la demande et diminue
l'offre qui sont faites de capitaux à employer. Le
taux de l'intérêt hausse encore, lorsque, par une
cause quelconque, la masse des capitaux disponibles, c'est-à-dire des capitaux à employer, vient à
diminuer [1].

Les circonstances contraires font baisser le taux
de l'intérêt ; et l'une de ces circonstances peut ba-
lancer l'autre de telle sorte que le taux de l'intérêt

---

[1] On trouve des exemples frappants de ces deux cas dans mon
Traité d'Économie politique, liv. II, chap. VIII.

reste au même point, parce que l'une des circonstances tend à le faire hausser précisément autant que
l'autre tend à le faire baisser.

*Quand vous dites que la masse des capitaux dispo-
nibles augmente ou diminue, entendez-vous par là la
quantité d'argent ou de monnaie ?*

Nullement; j'entends les valeurs consacrées par
leurs possesseurs à faire des avances à la production,
et qui ne sont pas tellement engagées dans un emploi, qu'on ne puisse les en retirer pour les faire
valoir autrement.

Éclaircissez cela par un exemple.

Je suppose que vous ayez prêté des fonds à un négociant pour qu'il vous les rende lorsque vous les
lui demanderez, en le prévenant trois mois d'avance,
ou, ce qui revient au même, que vous soyez dans
l'usage d'employer vos fonds à escompter des lettres
de change, ne pouvez-vous pas aisément faire travailler ces fonds d'une autre manière, si vous trouvez
un emploi qui vous convienne mieux ?

Sans doute.

Dès lors, ces fonds sont un capital disponible; ils
le sont encore, s'ils sont sous la forme d'une marchandise de facile défaite, puisque vous pouvez les

échanger aisément contre toute autre valeur. Ils le
sont encore mieux s'ils sont en écus; mais vous
comprenez qu'il peut y avoir beaucoup de capitaux
disponibles outre ceux qui sont en argent.

Je le comprends.

Eh! bien, c'est la somme de ces capitaux qui influe
sur le taux des intérêts, et non pas les sommes d'argent sous la forme desquelles peuvent se trouver
passagèrement ces valeurs capitales, lorsqu'il s'agit
de les faire passer d'une main dans une autre. Un
capital disponible peut être sous la forme d'une
partie de marchandise, comme sous celle d'un sac
d'écus, et si la quantité de cette marchandise qui se
trouve dans la circulation n'influe en rien sur le taux
de l'intérêt, l'abondance ou la rareté de l'argent n'y
influe pas d'avantage.

*Ce n'est donc pas de l'argent que l'on paye réellement
le loyer quand on paie un intérêt?*

Nullement.

Pourquoi dit-on que c'est l'intérêt de l'argent?

On le dit à cause des idées peu justes qu'on se
formait autrefois de la nature et de l'usage des capitaux.

Qu'est-ce que l'intérêt légal?

C'est le taux fixé par les lois pour les cas où l'intérêt n'a pu être fixé par le consentement des parties ; comme lorsque le détenteur d'un capital en a joui à la place d'un absent ou d'un mineur auquel il en doit compte.

L'autorité publique ne peut-elle pas fixer une borne aux intérêts dont les particuliers conviennent entre eux ?

Elle ne le peut sans violer la liberté des transactions.

Quelles causes influent sur le taux des fermages ?

La quantité des demandes qui ont lieu pour prendre des fermes à bail, comparée avec la quantité des fermes à donner. On peut observer à ce sujet que la concurrence des demandeurs excède communément les fermes à donner, parce qu'en tout pays le nombre de celles-ci est nécessairement borné, au lieu que celui des fermiers et des capitaux qui peuvent se consacrer à cette industrie ne l'est pas nécessairement ; de sorte que, là où il ne se rencontre pas des causes plus puissantes pour produire un effet contraire, le taux des fermages se fixe plutôt au-dessus qu'au-dessous du profit que rapporte réellement le service productif des terres.

Qu'observez-vous encore à ce sujet ?

Que le taux des fermages tend néanmoins à se rapprocher du profit des terres ; car, lorsqu'il l'excède, le fermier, obligé de payer l'excédent ou sur le profit de son industrie, ou sur l'intérêt de son capital, n'est plus indemnisé complètement pour l'emploi de ces moyens de production. Autrefois [1] on regardait l'intérêt comme une exaction exercée par le riche sur le pauvre; les gens d'église le proscrivaient comme contraire à la charité chrétienne; on ne comprenait pas qu'en accompagnant l'usure de honte et de dangers, on l'accroît sans venir au secours du pauvre, et que l'on supprime le principal motif de l'épargne, qui est de se créer un revenu. On ne comprenait pas que le seul moyen de tirer l'indigent de la misère, de l'oisiveté et du vice, est de faciliter l'alliance des capitaux et du travail, et que l'on rend plus de services en procurant au pauvre les moyens de gagner lui-même sa subsistance qu'en lui faisant l'aumône.

Les jurisconsultes, trop souvent plus empressés à justifier les vues de l'autorité qu'à les ramener vers des principes conformes à l'équité et au bien public, avaient trouvé en faveur des préjugés existants ce beau principe que l'argent n'enfante pas l'argent, *nummus nummum non parit*; plus versés dans l'économie politique, ils auraient su que, si l'argent n'enfante pas l'argent, *la valeur enfante la valeur*, et

[1] Et aujourd'hui encore.   J. G.

qu'il y a une analogie complète entre le loyer qu'on tire d'un capital et le loyer qu'on tire d'une terre [1].

CHAPITRE XXIII.

De la Population.

Qu'est-ce qui multiplie, en tous pays, le nombre des hommes?

C'est la quantité des choses produites. Les choses produites, en se distribuant aux habitants d'un pays de la manière qui a été expliquée, forment leurs revenus ; et chaque classe d'habitants se multiplie à proportion du revenu qu'elle reçoit.

Un même revenu a-t-il le même effet dans toutes les classes indifféremment?

Non; dans les classes où chaque personne a plus de besoins, une certaine valeur fait subsister moins de personnes.

---

[1] Toutes les lois sur l'usure ou intérêt au-dessus de l'intérêt légal ont été ou sont des violations de la liberté des transactions.   J. G.

*Pourquoi dans chaque classe y a-t-il toujours autant
d'individus qu'il peut s'en entretenir?*

Parce que les hommes, de même que toutes les
espèces animales, et même les plantes, ont beaucoup
plus de facilité à propager leur être qu'à le faire
subsister.

*Les denrées alimentaires ne sont-elles pas plus néces-
saires pour maintenir la population que les autres
produits?*

Les plus nécessaires sont celles auxquelles la
population met le plus haut prix ; et comme c'est la
production de chacun qui lui permet de mettre un
prix aux choses dont il a besoin, on peut dire qu'en
général la population est en proportion de la production.

*Qu'arrive-t-il quand le nombre des naissances amasse
dans un pays plus d'individus que l'état de la production n'en comporte ?*

La population dépérit, principalement les individus faibles des classes indigentes, les enfants, les
vieillards, les infirmes. Ceux qui ne meurent pas
d'un défaut positif de nourriture, périssent faute
d'une nourriture suffisamment abondante ou suffisamment saine ; faute de médicaments dans une
maladie, faute de propreté, faute de repos, faute d'un

logement sec et chaud, faute des soins dont on ne peut se passer dans les infirmités et dans la vieillesse. Au moment où il leur serait nécessaire de jouir de l'un de ces biens et qu'ils ne peuvent y atteindre, ils languissent plus ou moins longtemps, et succombent au premier choc.

Les guerres, les épidémies, ne nuisent-elles pas à la population ?

Elles la réduisent passagèrement ; mais l'expérience a démontré qu'à la suite d'un fléau qui a emporté un grand nombre de personnes, la population se rétablit très promptement dans sa proportion ordinaire avec la production du pays.

Quelle conclusion tirez-vous de ces faits ?

Qu'il n'y a aucun autre moyen d'augmenter la population que de favoriser la production. Encourager au mariage, honorer la fécondité, c'est favoriser la misère. Le difficile n'est pas de multiplier les enfants, c'est de les élever.

Qu'est-ce qui détermine la quantité d'habitants qui peuplent un certain canton, une certaine ville ?

C'est le même principe : la somme des produits. Une ville ne produit pas de denrées alimentaires, mais elle peut acheter des denrées alimentaires en proportion de la valeur de ses autres produits.

ne nombreuse population est-elle un avantage pour
pays ?

Oui, quand cette population possède les moyens
de subsister avec aisance c'est-à-dire de l'industrie
et des capitaux. Sans cela elle est un fardeau.

*Quel avantage procurent à un pays des hommes qui
y arrivent du dehors avec des capitaux et de l'industrie?*

C'est un nouveau commerce qui s'ouvre. Par la
demande qu'ils font aux anciens habitants de leurs
produits, ils leur procurent de nouveaux profits; et
par les objets qu'ils créent et donnent en échange,
ils leur procurent de nouvelles jouissances.

*Un pays peut-il empêcher que ses citoyens n'aillent
à l'étranger et n'y emportent leur fortune?*

En supposant que l'on veuille violer le droit que
tout homme a sur sa personne et sur ses biens, on
peut détenir l'une et confisquer les autres ; il n'y a
aucun autre moyen d'empêcher qu'ils n'aillent à l'é-
tranger ainsi que leurs capitaux.

*En prohibant la sortie de l'or et de l'argent n'em-
pêche-t-on pas les fortunes de sortir du pays?*

Nullement ; car une fortune se compose de valeurs, et l'on peut faire sortir des valeurs sous la
forme de certaines marchandises, si la sortie des autres est prohibée.

Mais celui qui fait sortir une marchandise ne fait-il pas moins de tort au pays que celui qui fait sortir de l'argent ?

Le tort est pareil dans les deux cas ; il est proportionné à la valeur, et non à la nature de la marchandise ; il provient, non de ce qu'une valeur sort du pays, mais de ce qu'il n'en rentre aucune autre en échange, comme il arrive dans les opérations du commerce.

Cependant celui qui fait sortir une marchandise l'a payée auparavant.

C'est vrai ; mais celui qui fait sortir de l'argent l'a payé de même ; il n'emporte le bien de personne.

Quelle est la population la plus avancée dans la civilisation ?

C'est celle qui produit et qui consomme le plus.

Pourquoi est-elle plus avancée ?

Parce que l'existence de chaque individu y est alors plus considérable, plus complète.

IV

CHAPITRE XXIV.

De la Consommation en général.

Qu'est-ce que consommer ?

C'est détruire l'utilité qui est dans un produit, et par-là lui ôter la valeur que cette utilité lui donnait.

Donnez-moi l'exemple de quelques consommations.

Consommer des vivres, ce n'est pas détruire la matière dont se composaient les vivres, car il n'est pas au pouvoir de l'homme de détruire de la matière, c'est détruire ce qui faisait l'utilité de cette matière, la propriété qu'elle avait de servir d'aliment.

Consommer un habit, ce n'est pas détruire cet habit, car les parcelles qui s'en sont détachées à mesure qu'il a été usé, ont été répandues dans l'univers et subsistent encore quelque part, mais c'est détruire toute l'utilité qui se trouvait dans l'habit ; de manière que, ne pouvant plus être bon pour personne, personne ne consent à offrir aucun autre produit pour en devenir possesseur.

Une consommation se mesure-t-elle sur le poids, le nombre ou la grandeur des objets consommés?

Non; de même que la production se mesure par la valeur des choses produites, la consommation se mesure par la valeur des choses consommées. Une grande consommation est celle qui détruit une grande valeur, quels que soient les objets où cette valeur réside. Lorsqu'on fait usage d'objets qui n'ont point de valeur, comme des cailloux, de l'eau, etc., la consommation est nulle.

Y a-t-il des objets ayant une valeur qui ne soient pas susceptibles d'être consommés?

L'homme ne peut ôter aux choses que la valeur qu'il leur a donnée lorsqu'il en a fait des produits. Ainsi, il peut consommer en totalité une valeur capitale, en consommant, sans reproduction, les produits dont la valeur était employée à faire des avances à la production; mais il ne peut pas consommer le fond d'un champ de blé, qui est une valeur que la nature a donnée gratuitement à son premier propriétaire.

N'y a-t-il pas des produits qui ne sont pas susceptibles d'être consommés?

Non, mais il y a de grandes différences dans la rapidité avec laquelle ils sont consommés. La con..

sommation d'une pêche est plus prompte que celle
d'une bougie ; celle d'une bougie plus rapide que
celle d'un cheval ; une maison sert plus longtemps
qu'un cheval, mais elle s'use plus vite qu'un dia-
mant. La valeur des objets qui durent très longtemps, comme celle de la vaisselle d'argent, passe
pour une valeur capitale, parce qu'elle se trouve
presque aussi grande à la fin de l'année qu'au com-
mencement, et qu'elle se perpétue comme un capital, mais non par le même moyen ; car un capital se
perpétue parce que sa valeur se reproduit à mesure
qu'elle est consommée, et la vaisselle d'argent se
perpétue parce qu'elle ne s'use pas.

Peut-on consommer deux fois le même produit ?

Non ; car une valeur une fois détruite ne saurait
être détruite de nouveau ; il faut qu'il y ait une nouvelle production pour qu'il y ait une nouvelle consommation ; mais un produit peut être consommé en
partie, puisqu'on peut détruire une portion seulement de sa valeur. Lorsqu'après avoir porté un habit qui valait cent francs, on peut encore le revendre cinquante francs, on a consommé la moitié de
sa valeur.

Qu'entendez-vous par les consommations privées ?

Ce sont les destructions de valeur qui ont pour

objet de satisfaire aux besoins des particuliers et des familles.

Et par les consommations publiques?

Celles qui ont pour objet de satisfaire aux besoins communs d'une ville, d'une province, d'une nation.

La réunion des consommations privées et publiques fait la consommation nationale, qui comprend tout ce qui est consommé par une nation, soit pour l'usage du public, soit pour l'usage des particuliers.

Les consommations privées ou publiques sont-elles de même nature?

On consomme différents objets pour le public et pour les familles; pour le public, des munitions de guerre, des édifices publics; pour les familles, des logements, des vêtements et des vivres; mais quant à la nature et aux effets des deux consommations, ils sont absolument pareils. On consomme, dans les deux cas, des produits dont la valeur est le fruit d'une production, valeur qui se trouve détruite par l'usage qu'on en fait.

Qu'est-ce que la consommation annuelle?

La consommation annuelle du public ou des particuliers est la somme des valeurs qu'ils consomment pendant le cours d'une année, soit pour satisfaire à tous leurs besoins, soit pour reproduire de nouvelles valeurs. Si les valeurs qu'ils reproduisent n'égalent pas la totalité des valeurs consommées par eux dans l'un et l'autre but, les familles et l'État s'appauvrissent ; ils s'enrichissent dans le cas contraire.

Quels sont les consommateurs d'un pays ?

C'est tout le monde ; car il n'est personne qui puisse subsister sans satisfaire aux besoins qu'exige l'état de vie. Nous consommons des valeurs dans tous les instants de notre existence, même pendant notre sommeil, puisque, dans ce temps-là même, nous consommons le lit où nous sommes étendus, le drap qui nous enveloppe, la tuile même qui nous couvre.

———

CHAPITRE XXV.

Des résultats de la Consommation.

Quel est le premier résultat de la consommation ?

C'est la perte de valeur de l'objet consommé et, par conséquent, la perte d'une portion de richesse.

Comment le possesseur de l'objet consommé est-il dédommagé de ce sacrifice ?

Il en est dédommagé soit par la jouissance que procure la consommation, si elle est improductive, soit par un nouveau produit, accompagné d'un profit, d'une augmentation de richesse, si la consommation est reproductive.

Donnez-moi des exemples de l'une et de l'autre consommation.

Quand un boulanger brûle du bois pour cuire son pain, il le consomme reproductivement, parce qu'il ajoute à son pain toute la valeur qu'il ôte à son bois. Mais le bois que nous brûlons pour nous chauffer est consommé improductivement, car il ne résulte de cette combustion aucune valeur qui remplace la valeur du bois [1].

---

[1] Ceci demande une distinction. Le bois que nous brûlons pour nous chauffer, les aliments que nous prenons pour nous nourrir sont consommés productivement, s'ils n'ont pas d'autre résultat que de nous procurer des jouissances ; ils sont consommés reproductivement, s'ils ont été nécessaires pour nous livrer au travail, et s'il est résulté de ce travail une valeur égale ou supérieure à celle qui a été consommée. Le combustible qu'un ouvrier jette sans cesse dans le fourneau d'une machine à vapeur, n'est pas consommé improductivement, si le mouvement qu'imprime à la machine la force expansive de la vapeur n'est pas improductif ; pourquoi les aliments au moyen desquels un bon ouvrier entretient ses forces, les vêtements dont il se couvre, l'huile dont il se sert pour s'éclairer, seraient-ils consommés improductivement, s'ils sont indispensables à sa conservation et à l'exercice de ses facultés industrielles ?   Ch. C.

Que concluez-vous de ces faits ?

Que, de même que la production peut être considérée comme un échange dans lequel nous donnons nos services productifs pour obtenir en retour un produit, la consommation peut être considérée comme un autre échange où nous donnons un produit (celui que nous perdons), pour obtenir en retour soit une jouissance, soit un autre produit d'égale valeur.

Si la consommation reproductive ne fait que remplacer un produit par un produit d'égale valeur, quel avantage offre-t-elle ?

En même temps qu'elle remplace les produits consommés, elle distribue entre tous les producteurs des profits égaux à la valeur du nouveau produit créé.

Ne consomme-t-on pas autre chose que des produits ?

On peut aussi consommer productivement ou improductivement des services. Nous consommons productivement le service d'un ouvrier, lorsqu'après lui avoir payé sa journée, nous en retrouvons la valeur dans le produit qu'il a façonné par notre ordre ; et nous consommons improductivement le service d'un domestique, d'un musicien, d'un acteur qui nous amuse, parce que la dépense que nous avons faite dans ce cas n'a reparu dans aucun produit.

Avez-vous fait connaître les principaux effets de la consommation reproductive?

Oui; tel a été l'objet de tout ce qui a précédé dans le présent catéchisme.

Ferez-vous connaître les principaux effets de la consommation improductive?

Oui ; ce sera la matière de ce qui va suivre jusqu'à la fin de cette instruction où, par conséquent le mot de *consommation*, employé seul, signifiera toujours une consommation improductive.

Tous les produits créés sont-ils nécessairement consommés?

Ils le sont non pas *nécessairement*, mais *ordinairement*. On en conçoit la raison; un producteur ne crée un produit qu'autant qu'il peut présumer que ce produit aura de la valeur, autrement il ne le créerait pas; il ne ferait pas un sacrifice duquel, dans cette supposition, il ne serait pas dédommagé ; il ne ferait pas un échange pour donner sans rien recevoir. Or, qu'est-ce qui procure à ce produit de la valeur ? C'est l'envie qui existe chez un certain nombre de personnes de donner, pour posséder, un certain prix ; et si ces personnes en donnent un prix quelconque, c'est pour le consommer; autrement elles feraient à leur tour un sacrifice sans dédommagement; ce qui n'est pas dans la nature humaine.

Qu'arrive-t-il quand un produit auquel on a cru donner de la valeur, n'en a pas?

Il résulte de là une perte pour celui qui s'est faussement imaginé qu'il communiquait de la valeur à un objet. C'est ce qui arrive quand on fabrique des marchandises de mauvaise qualité ou de mauvais goût, qui ne se vendent pas. Ce ne sont pas des produits; car une chose ne mérite ce nom que lorsqu'elle vaut autant que ses frais de production.

N'y a-t-il pas des consommations qui ne reproduisent aucune valeur, qui ne satisfont aucun besoin?

Lorsque, dans une tempête, on jette à la mer la cargaison d'un navire, lorsqu'on incendie des magasins qu'on ne veut pas laisser à l'ennemi, on opère des destructions de valeurs qu'on n'appelle pas des consommations. Ce mot semble réservé aux destructions de valeurs d'où il résulte soit une jouissance, soit une nouvelle valeur.

Que doit-on penser d'un système qui conseillerait la consommation, non pour jouir, non pour reproduire, mais pour favoriser la production?

On doit en penser ce qu'on penserait d'un homme

qui conseillerait de mettre le feu à une ville pour faire gagner les maçons. Le résultat de cette action insensée serait de nous priver du bien-être qui accompagne la consommation des richesses acquises, afin de nous procurer l'avantage de travailler pour en acquérir d'autres.

CHAPITRE XXVI.

Des Consommations privées.

Quelle différence faites-vous entre le mot Dépense et le mot Consommation ?

La dépense est l'achat qu'on fait d'une chose pour la consommer ; et comme la consommation est la suite de cet achat, les mots *dépense* et *consommation* sont souvent pris l'un pour l'autre.

Il convient cependant de remarquer que lorsqu'on achète un produit, on reçoit valeur pour valeur : celle d'une livre de bougie, par exemple, pour celle d'un écu, et qu'on est encore aussi riche après que l'achat est fait qu'auparavant ; seulement, on possède en bougie cette portion de richesse qu'on avait en écu. On commence à perdre cette richesse lorsqu'on commence à consommer la bougie; et ce n'est que lorsque la consommation est achevée qu'on est plus pauvre d'un écu.

Ce n'est donc pas en achetant, c'est en consommant que l'on diminue son bien, comme c'est en produisant qu'on l'augmente. Voilà pourquoi, dans les familles, le caractère et les talents économiques de la femme qui dirige la plupart des consommations du ménage, servent beaucoup à la conservation des fortunes.

Qu'observez-vous en outre au sujet des dépenses?

Que, dans les dépenses que nous faisons, ce n'est pas la valeur de l'argent qui est perdue; l'argent est acquis par celui qui nous vend le produit, mais il n'est pas consommé; c'est le produit acquis par nous qui nous est consommé, et c'est sa valeur qui est détruite. D'où il suit que la richesse des particuliers, et même la richesse du public, peuvent être dissipées, même quand la somme des monnaies reste la même; et que c'est une illusion que de s'imaginer qu'en conservant dans une ville, dans une province, dans un pays, toujours la même somme de numéraire, on y conserve toujours la même richesse. C'est ainsi qu'un négociant serait dans l'erreur s'il se croyait toujours aussi riche, uniquement parce que, tandis qu'il dissipe son bien, il conserve dans sa caisse toujours à peu près la même somme d'argent.

Que doit-on entendre par l'économie dans les dépenses ou dans les consommations?

On économise, soit en consacrant à une dépense reproductive une portion de son revenu que l'on pouvait consacrer à une dépense improductive (c'est ainsi que nous avons vu que l'on forme les capitaux), soit en résistant à l'attrait d'une consommation présente, pour employer cette portion de revenu à une consommation future mieux entendue; c'est particulièrement de cette dernière économie que nous nous occupons en ce moment.

Qu'appelez-vous des consommations bien entendues?

Ce sont celles qui procurent le plus de satisfaction en proportion du sacrifice de valeurs qu'elles occasionnent. Telles sont les consommations qui satisfont des besoins réels plutôt que des besoins factices. A égalité de valeur, des aliments sains, des vêtements propres, des logements commodes, sont des consommations mieux entendues que des aliments recherchés, des vêtements et des habitations fastueux. Il résulte plus de vraie satisfaction des premières que des autres.

Que regardez-vous encore comme des consommations bien entendues?

La consommation des produits de la meilleure qualité en tout genre, dussent-ils coûter plus cher.

Par quelle raison les regardez-vous comme des consommations bien entendues?

Parce que le travail qui a été employé pour fabriquer une mauvaise matière sera plus vite consommé que celui qui se sera exercé sur une bonne. Quand une paire de souliers est faite avec de mauvais cuir, la façon du cordonnier, qui est usée en même temps que les souliers, ne coûte pas moins, et elle est consommée en quinze jours, au lieu de l'être en deux ou trois mois, si le cuir eût été bon. Le transport d'une mauvaise marchandise coûte autant que celui d'une bonne, et fait beaucoup moins de profit. Les nations pauvres ont, en conséquence, outre le désavantage de consommer des produits moins parfaits, celui de les payer proportionnellement plus cher.

Quelles consommations méritent encore d'être préférées ?

La consommation des objets qui s'usent lentement procure des jouissances moins vives, mais plus durables, et l'espèce de bien-être qu'on en retire contribue davantage au bonheur. Qui oserait comparer la satisfaction que procure la vue d'un feu d'artifice, avec celle que l'on peut retirer de quelques livres choisis, exactement du même prix, et dont on jouira pendant toute la durée de sa vie, qu'on laissera même à ses enfants?

N'y a-t-il pas un choix à faire entre les produits durables?

Ceux qu'il convient de préférer sont ceux dont l'usage est fréquent, usuel. Il vaut mieux faire de la dépense pour rendre son logement commode, propre, agréable, que pour se procurer des bijoux, des parures dont la vanité pourra bien être fort satisfaite, mais seulement dans quelques rares occasions.

Quelle est la plus rapide de toutes les consommations?

C'est celle que l'on fait des services personnels. Un inutile laquais, si vous évaluez à douze cents francs la dépense annuelle qu'il vous coûte autant que le service que vous rendrait un mobilier de vingt-quatre mille francs.

Les consommations faites en commun ne sont-elles pas fort économiques?

Oui; et c'est pour cela qu'elles conviennent aux

personnes qui ont peu de fortune. Un seul cuisinier prépare le diner de dix personnes comme celui d'une seule ; le même foyer devant lequel rôtit une pièce de viande, pourrait en rôtir quatre. Avec les mêmes frais, on peut donc être mieux traité si l'on vit avec d'autres hommes, que vivant isolé.

Quelles sont les consommations que vous regardez comme les plus mal entendues ?

Ce sont celles qui procurent du chagrin ou des malheurs au lieu de satisfaction. Tels sont les excès de l'intempérance ; telles sont les dépenses qui provoquent le mépris ou les vengeances.

Pourquoi a-t-on fait de l'économie une vertu ?

Parce qu'il faut avoir un certain empire sur soi-même pour résister à l'attrait d'une consommation présente, en faveur d'une consommation future dont les avantages, quoique plus grands en réalité, sont éloignés, sont vagues, et ne frappent pas les sens.

Quelle est la qualité morale qui se manifeste le plus dans l'économie ?

C'est le jugement. Il est indispensable pour apprécier l'importance des diverses consommations, et surtout de celles que pourront réclamer les besoins futurs, toujours plus ou moins incertains.

9.

Quelle est la faute où l'on tombe quand on attribue trop d'importance à des besoins futurs et incertains ?

Dans l'avarice ; et lorsqu'on ne leur attribue pas assez d'importance, on tombe dans la prodigalité.

Lequel fait le plus de tort à la société de l'avare ou du prodigue ?

C'est le prodigue ; parce qu'après avoir dépensé tout son revenu, il ne peut vivre que sur son capital, et qu'un capital ne saurait être dépensé improductivement sans ôter un revenu à celui qui en était possesseur, de même qu'aux industrieux dont il mettait le travail en activité.

La consommation n'est-elle pas cependant favorable à la richesse des nations, en provoquant la production ?

La consommation ne saurait augmenter les richesses d'une nation, à moins de provoquer la production d'une valeur plus grande que la valeur consommée ; car ce ne peut être en détruisant de la richesse que l'on augmente la quantité des richesses. Mais comme la consommation est accompagnée d'un dédommagement, et que si l'on y perd une valeur on y gagne une satisfaction, toutes les consommations bien entendues, qui provoquent la création d'un nouveau produit, sont favorables, en ce qu'elles multiplient les satisfactions éprouvées dans la société. Un peuple qui consomme beaucoup et qui reproduit de même a plus de vie, il jouit d'une existence plus développée et d'une civilisation plus complète.

Sous ce rapport, l'épargne n'est-elle pas un mal ?

L'épargne, lorsqu'elle n'est qu'une consommation différée, ne retarde que de bien peu l'activité de la consommation ; et quant à l'épargne qui a pour objet l'augmentation des capitaux reproductifs, elle entraîne une consommation, puisqu'un capital ne peut être employé reproductivement qu'à des achats de matériaux ou de travail pour les consommer.

N'y a-t-il pas un autre avantage dans cette dernière épargne, outre qu'elle-même est une consommation ?

Oui, car ce n'est pas une consommation faite une fois pour toutes ; c'est une consommation qui se répète aussi souvent que le capital est remboursé par l'effet de la production.

Éclaircissez cela par un exemple.

Si, pour illuminer des fêtes, j'achète pour mille francs d'huile sur mon revenu de cette année, je ne retrouverai plus ces mille francs et, par conséquent, je ne pourrai pas les dépenser une seconde fois ; mais si j'emploie cette somme à éclairer des ateliers, elle sera dépensé tout de même, elle aura de même provoqué une nouvelle production d'huile, et je pourrai dépenser une seconde fois la même somme, car elle me sera remboursée par le produit qui sortira des ateliers.

La consommation reproductive n'a-t-elle pas un autre avantage ?

Elle en a un très grand, celui de mettre des producteurs en état de tirer parti de leurs services productifs. Dans le cas où mille francs d'huile auront servi à éclairer des ateliers, outre que cette valeur sera reproduite, elle le sera avec profit. Je gagnerai à cette reproduction l'intérêt de mon capital, et les travailleurs y gagneront le salaire de leurs peines.

CHAPITRE XXVII.

Des Consommations publiques.

Quel est le but des consommations publiques ?

De satisfaire des besoins communs à plusieurs citoyens ou à plusieurs familles.

Quels objets consomme-t-on dans ce but ?

Des armes, des munitions pour les armées ; des provisions, des médicaments pour les hôpitaux ; mais principalement les services de plusieurs classes nombreuses d'hommes qui dirigent les affaires publiques : administrateurs, juges, militaires, prêtres, qui font leur profession de servir les peuples.

Qu'entendez-vous par consommer le service de ces diverses classes ?

Leurs travaux, tant intellectuels que manuels, ont une valeur que le public paye et qu'il consomme parce qu'il en jouit ; et cette consommation a l'effet de toutes les autres ; elle détruit la valeur achetée et payée, en ce qu'un service payé et consommé ne peut plus être employé de nouveau ; il faut qu'un nouveau service soit rendu pour qu'on en puisse tirer un nouvel avantage.

Est-ce le public qui consomme le service des fonctionnaires publics ?

C'est le public, ou du moins c'est dans l'intérêt du public que ce service est consommé ; et les fonctionnaires publics consomment, pour leur usage particulier, les valeurs qu'en échange de leurs services ils reçoivent du public.

Il y a donc là-dedans une double consommation ?

Oui, de même qu'à la suite de tous les échanges ; mais, dans ce cas-ci, l'un des deux produits échangés est un produit immatériel (celui du fonctionnaire public) et, par conséquent, il se trouve consommé à mesure que le service est rendu.

Qu'en concluez-vous ?

Que, bien que les fonctionnaires publics soient des travailleurs productifs lorsqu'ils rendent de véritables services, leur multiplicité n'augmente en rien la richesse nationale. L'utilité qu'ils produisent est détruite à mesure qu'elle est produite, comme celle qui résulte pour le particulier du travail des médecins et des autres producteurs de produits immatériels.

Qui est-ce qui décide de l'utilité du service des fonctionnaires publics, et du prix qu'il convient d'y mettre ?

Ce ne peut être, comme dans les autres consommations, le consommateur lui-même ; car ici le consommateur est le public, c'est-à-dire un être composé d'une multitude d'individus, et qui ne peut en général exprimer ses besoins et ses volontés que par des fondés de pouvoirs.

Par qui sont institués ces fondés de pouvoirs ?

Par la constitution politique de l'État dont l'examen n'est pas de notre sujet. Nous pouvons seulement remarquer que la constitution politique est meilleure là où le même avantage est acquis au public, au moyen des moindres sacrifices.

Quel est le principal avantage qu'une nation puisse retirer de ses dépenses publiques ?

La sûreté des personnes et des propriétés, parce que sans cela il n'existe pas de société.

Quelles sont les dépenses qui pourvoient à cette sûreté ?

Ce sont les dépenses relatives aux forces de terre et de mer destinées à repousser les attaques des ennemis du dehors ; les dépenses des tribunaux criminels qui répriment les attentats coupables des particuliers, et celles des tribunaux civils qui repoussent les prétentions injustes qu'un citoyen peut élever contre les droits et les propriétés d'un autre citoyen.

Quel avantage retire le public des dépenses relatives à l'instruction publique ?

L'instruction, en adoucissant les mœurs, rend plus douces les relations des hommes entre eux ; en nous apprenant quels sont nos vrais intérêts, elle nous montre ce que nous devons rechercher ou fuir ; elle donne de l'ascendant à la raison sur la force ;

elle enseigne à respecter les droits d'autrui, en
éclairant chacun en particulier sur les siens ; enfin,
par son influence sur la production des richesses,
elle est favorable à la prospérité publique dont
chaque famille prend sa part.

*Est-il nécessaire que toute espèce d'instruction soit
donnée au dépens du public ?*

Nullement : les particuliers ont soin d'acquérir à
leurs frais celle qui peut leur être utile dans les fonctions sociales qu'ils sont appelés à remplir ; cependant, la classe qui ne vit que de son travail manuel,
ne pouvant donner à ses enfants la première instruction (celle qui enseigne à lire, à écrire et à
compter), et la société étant intéressée à ce que
cette classe soit civilisée, il lui convient, dans bien
des cas, de fournir à ses frais cette première instruction.

*N'y a-t-il pas quelque autre genre de connaissances
qu'il importe aux nations de protéger spécialement?*

Les hautes connaissances, par la nature des choses,
ne rapportant pas à ceux qui les cultivent un revenu
proportionné aux services qu'elles peuvent rendre à
la société, il importe peut-être aux nations d'en
favoriser les progrès dans quelques écoles spé-
ciales.

*Quel avantage le public se flatte t-il d'obtenir en sala-
riant un corps de prêtres ?*

Il se flatte de trouver en eux des personnes désin-
téressées, qui prêchent la vertu par leurs paroles et
par leur exemple, qui exhortent les hommes à l'in-
dulgence les uns envers les autres, et les consolent
dans leurs adversités.

*Quels avantages une nation retire-t-elle des établisse-
ments de bienfaisance, tels que les hospices, les hôpitaux ?*

C'est déjà une satisfaction et un honneur que de
venir au secours de l'humanité souffrante ; mais de
plus il faut considérer les hospices qui admettent la
vieillesse et l'enfance dénuées d'appui, et les hôpitaux ouverts aux malades indigents, comme des
maisons au maintien desquelles on contribue quand
on est dans un état d'aisance, pour les trouver au
besoin dans les moments de détresse. Il faut seulement prendre de suffisantes précautions pour que
ces établissements ne favorisent pas le développement de la classe indigente et ne multiplient pas les
besoins en même temps que les secours.

*Quels sont les avantages que les nations retirent des
travaux et des édifices publics ?*

Les uns, comme les grandes routes, les ponts, les
ports, facilitent les communications, les rapports

des hommes entre eux, et développent tous les avantages qui résultent de ces rapports, avantages que je
vous ai fait remarquer en plusieurs endroits de cette
instruction.

D'autres établissements publics, tels que les em-
bellissements des villes, les promenades publiques,
sont favorables à la santé des citoyens, ajoutent aux
douceurs de leur existence et les entourent d'objets
riants et agréables qui contribuent à leur bonheur.
Quant aux monuments purement de luxe, ils flattent
la vanité nationale et, sous ce rapport, on ne peut
nier qu'ils ne soient productifs de quelques plaisirs ;
mais ce qui flatte le plus la vanité d'un peuple judi-
cieux et éclairé, c'est de montrer que chez lui rien
n'est négligé de ce qui est utile, et qu'il met la commodité et la propreté fort au-dessus du faste.

*En quoi consiste l'économie de ceux qui gouvernent et
administrent les nations ?*

Elle consiste à renoncer pour le pays à ces avantages qui coûtent plus qu'ils ne valent ; à obtenir
ceux qui sont précieux aux meilleures conditions
possibles, et surtout à ne point employer les deniers
publics au détriment du public et au profit des intérêts particuliers.

CHAPITRE XXVIII.

Des Propriétés publiques et des Impôts.

D'où viennent les valeurs qui se consomment pour l'avantage du public ?

Elles proviennent, soit des revenus que rendent les propriétés qui appartiennent au public, soit des impôts.

Les propriétés publiques sont-elles des propriétés appartenant à la nation tout entière ?

Quelquefois elles appartiennent à la nation tout entière ; d'autres fois à une partie de la nation, à une province, à une ville.

En quoi consistent, pour l'ordinaire, ces propriétés ?

Ce sont ou des capitaux ou des biens-fonds, mais le plus souvent des biens-fonds, terres, maisons, usines, que le gouvernement ou les communes donnent à bail, et dont ils consomment le revenu pour l'avantage du public. Quand ce sont des forêts, on en vend la coupe annuelle.

Qui est-ce qui paye les impôts ?

Ce sont les particuliers que, sous ce rapport, on nomme contribuables.

En quelles valeurs se paye l'impôt ?

Ordinairement en monnaie du pays ; mais quelquefois aussi en nature, c'est-à-dire en produits ou bien en corvées où le contribuable fournit son service personnel ou celui de ses gens et de ses bestiaux. De toutes manières, l'impôt se mesure sur ce qu'il coûte au contribuable et non sur ce qu'il rend au gouvernement.

Dites-m'en la raison.

Parce que la perte que le gouvernement peut faire sur les valeurs dont il impose le sacrifice au contribuable ne diminue pas l'étendue de ce sacrifice. Si un gouvernement force des cultivateurs à faire des corvées qui les obligent de négliger leurs récoltes, et qu'il en résulte pour eux, outre la perte de leurs journées évaluées à 50 francs, une autre perte de 50 francs pour le dommage qu'ils éprouvent, ils payent réellement une contribution de 100 francs. Et si, au moyen de cet impôt, le gouvernement exécute un travail qui aurait pu être exécuté par entreprise pour 30 francs, il est constant que le gouvernement, dans ce cas, a levé un impôt de 100 francs, et qu'il n'a reçu qu'une valeur de 30 francs. C'est comme s'il avait consommé, sans avantage pour le public, une valeur de 70 francs.

Sur quelles valeurs se prélèvent les valeurs payées par les contribuables ?

Sur les profits qu'ils tirent de leur industrie, de leurs capitaux et de leurs terres. C'est une portion de leurs revenus que les contribuables ne consomment pas, et qui est transportée au gouvernement, pour être consommée par lui dans l'intérêt du public. Ainsi, quand on parle des revenus d'une nation, si aux revenus gagnés par les particuliers on ajoutait le montant des impôts, on compterait cette dernière somme deux fois.

Avec quoi les particuliers payent-ils l'impôt quand leurs revenus ne suffisent pas à leurs dépenses et à cette charge?

Avec une partie de leurs capitaux, ce qui attaque une des sources de sa production. Ce malheur arrive surtout dans les pays où l'impôt est excessif; et s'il n'entraîne pas le déclin total du pays, c'est parce que les accumulations faites par certains particuliers balancent ou surpassent la déperdition éprouvée par certains capitaux.

Comment est fixée la quote-part de chacun dans la contribution commune?

Lorsqu'elle n'est pas fixée arbitrairement, on établit de certaines règles pour parvenir à faire contribuer chaque chef de famille proportionnellement à ses revenus.

Suffit-il, pour que l'impôt soit équitable, qu'il se trouve réparti dans une égale proportion sur chaque revenu?

Non; un impôt qui s'élèverait au cinquième des revenus, et qui ferait payer 60 francs à un revenu de 300 francs, serait une charge infiniment plus lourde pour ce revenu que les 6,000 francs que le même impôt ferait payer à un revenu de 30,000 francs.

Comment connaît-on les revenus des particuliers pour les imposer?

Si l'intérêt personnel ne portait pas les hommes à déguiser la vérité, il suffirait de demander à chacun ce qu'il gagne annuellement par son industrie, ses capitaux et ses terres; on aurait la meilleure base de l'impôt; on lui demanderait une part quelconque de son revenu; ce serait l'impôt le plus équitable, le moins lourd, et celui dont le recouvrement coûterait le moins.

A défaut de ce moyen, quels sont ceux que l'on emploie pour faire contribuer les particuliers, autant qu'on le peut, en proportion de leurs revenus ?

On juge des revenus des propriétaires fonciers d'après la valeur locative de leur terres, c'est-à-dire d'après le prix auquel elles se louent ou pourraient se louer; de là la contribution foncière. On juge du revenu de ceux dont les revenus se fondent sur l'intérêt de leurs capitaux ou les profits de leur industrie, d'après la nature de leur commerce, l'importance de leur loyer, le nombre des portes et fenêtres qui se trouvent à leur maison; de là les patentes, la contribution personnelle et mobilière, l'impôt des portes et fenêtres.

C'est ce qu'on appelle en France les contributions *directes*, parce qu'on les demande directement et nominativement à chaque particulier.

N'impose-t-on pas d'autres charges sur les revenus ?

Oui; l'on suppose que chacun fait des consommations proportionnées à ses revenus ; et l'on fait payer les producteurs de certaines marchandises, présumant que le prix de la marchandise augmentera d'autant, et que cette contribution retombera sur ses consommateurs.

*Dans quelles occasions fait-on payer les producteurs
de ces marchandises ?*

Tantôt c'est au moment de leur première extraction, comme on fait en France pour l'impôt sur le
sel, au Mexique et au Pérou, pour l'impôt sur l'or et
l'argent; tantôt c'est au moment où les marchandises viennent de l'étranger ; d'où résultent les droits
de douane ; ou bien de la campagne dans les villes ;
d'où résulte en France l'octroi ; tantôt c'est au
moment où la marchandise est vendue au consommateur, comme lorsqu'on fait payer les droits sur
les boissons, sur les billets de spectacles, sur les voitures *publiques*, sur les funérailles.

C'est ce qu'on nomme en France les contributions
indirectes, parce qu'elles ne sont pas directement
demandées à ceux sur qui l'on suppose qu'elles
retombent.

*N'y a-t-il pas d'autres manières d'atteindre les revenus
des consommateurs?*

Le gouvernement se réserve quelquefois l'exercice
exclusif d'une certaine industrie, et à l'aide du monopole en fait payer les produits beaucoup au delà de
ce qu'ils lui coûtent de frais de production, comme
quand il s'attribue la fabrication exclusive et la vente
du tabac, ou bien le transport des lettres par la

poste. Dans ce dernier cas, l'impôt n'est pas égal à la totalité des ports de lettres, mais seulement à la partie de ce port qui excède ce qu'il coûterait si ce service était abandonné à une libre concurrence.

Ne saisit-on pas d'autres occasions encore de lever des contributions sur les facultés des contribuables?

Oui; on lève des droits sur certaines transactions qui se répètent souvent dans une société industrieuse et riche. On fait payer un droit d'enregistrement sur les ventes, les baux, les successions, les contrats, les actes des procédures, un droit de timbre sur les effets de commerce, les quittances, etc.

Les gouvernements trouvent même des profits dans des loteries, des maisons de jeux, et d'autres lieux où il n'y a aucune valeur produite et où, par conséquent, l'impôt ne fait qu'aggraver les pertes qu'on y éprouve.

Qu'est-ce que les frais de recouvrement?

Les frais de recouvrement ou de perception se composent de ce que l'on accorde aux receveurs, aux administrations, aux régies, aux fermiers-généraux, chargés de faire payer les contribuables. Ces frais sont une charge pour les nations, sans procurer aucun des avantages qui devraient être le dédommagement du sacrifice de l'impôt.

CHAPITRE XXIX.

Des Effets économiques de l'Impôt.

Que peut-on désirer savoir relativement aux effets de l'impôt ?

On peut désirer de savoir sur qui tombe réellement son fardeau, et quel est son résultat par rapport à la prospérité nationale.

L'impôt ne pèse-t-il pas uniquement sur le contribuable qui l'acquitte ?

Non ; quand c'est le producteur d'un produit qui en acquitte l'impôt, il cherche à s'en rembourser autant que possible en vendant ses produits plus cher. Quand c'est le consommateur, il diminue sa consommation ; d'où résulte une diminution de demande et de prix, qui diminue les profits du producteur.

Faites-moi comprendre ces effets par des exemples.

Lorsqu'on met un droit sur l'entrée à Paris du bois de chauffage, le marchand de bois, pour faire payer ce droit par le consommateur, élève le prix de sa marchandise.

Le consommateur de bois paye-t-il, par ce moyen, la totalité du droit?

Probablement non ; car les consommateurs de bois, ou du moins une forte partie d'entr'eux, réduisent leur conso.nmation à mesure que ce produit devient plus cher. En effet, sur quoi payons nous notre combustible ? Sur notre revenu, quelle qu'en soit la source. Chacun de nous consacre une portion de son revenu à chacune de ses consommations. Celui qui a 10,000 francs à dépenser tous les ans, consacre, par supposition, 300 francs à son combustible ; il obtient pour cette somme douze mesures de bois. Si l'impôt es d'un sixième de la valeur de la denrée, il n'en obtiendra plus pour la même somme que dix mesures.

Il réduira de même sa consommation de vin en raison de l'impôt sur le vin ; son logement en raison de l'impôt sur les loyers ; et il est impossible qu'il fasse autrement ; car il n'a que 10,000 francs à dépenser, il est impossible qu'il en dépense 12,000.

Comment cet effet réagit-il sur les producteurs ?

La demande qu'on fait en général d'un produit venant à diminuer à la suite de son renchérissement, les profits des producteurs en sont affectés. Si le bois était à 28 francs la mesure, un droit de 4 francs le porterait à 32 ; mais il faudrait, pour cela, que la consommation restât la même, ce qui n'est pas possible. Dès lors les producteurs seront forcés de renoncer à une partie de leur profits, et de le céder, par exemple, à 30 francs ; l'acheteur payera ainsi son combustible 2 francs de plus, quoique le producteur le vende 2 francs de moins, et le droit de 4 francs aura porté sur le revenu de l'un et de l'autre. Car, c'est toujours, en définitive, les revenus des particuliers qui doivent payer l'impôt.

Quand on demande l'impôt au consommateur, comment le producteur en supporte-t-il sa part ?

Par une suite des mêmes nécessités ; si un consommateur achète du vin en Bourgogne, les droits qu'on lui fera payer l'obligeront à réduire sa consommation de vin ; et le marchand, pour vendre, sera obligé de réduire son prix. Aussi remarque-t-on que, plus les droits font renchérir les consommations, moins les producteurs gagnent.

Est-ce toujours d'après des proportions fixes que les producteurs et les consommateurs supportent leur part des impôts ?

Non ; c'est dans des proportions qui varient beaucoup, suivant les denrées et suivant les circonstances. Quelquefois l'acheteur d'une denrée fort nécessai... ne diminue pas sa consommation en vertu du renchérissement ; mais comme il ne peut toujours dépenser qu'une somme bornée, il supprime, en tout ou en partie, une autre consommation, et c'est quelquefois le producteur du sucre qui supporte une partie d'un impôt mis sur la viande.

Qu'observez-vous à ce sujet?

Que le bois, le sucre, la viande, ce qu'on appelle communément la matière imposable, ne sont en réalité qu'un prétexte à l'occasion duquel on fait payer un impôt, et que tout impôt porte réellement, soit sur les revenus de tous genres des consommateurs qu'ils diminuent en rendant les produits plus chers, soit sur les revenus des producteurs, en rendant les profits moins considérables. Dans la plupart des cas, ce double effet a lieu tout à la fois.

L'impôt ne fait-il pas à une nation un tort indépendant de la valeur qu'il fait payer au contribuable?

Oui, surtout quand il est excessif. Il supprime en partie la production de certains produits. En France, avant la Révolution, une partie des provinces payaient l'impôt sur le sel ; d'autres provinces ne le payaient pas. La consommation de sel était, chaque année, dans les premières, de neuf livres de sel par tête, et dans les secondes, de dix-huit livres. Ainsi, outre les quarante millions que payaient les provinces soumises à la gabelle, elles perdaient les

profits attachés à la production et les jouissances
attachées à la consommation de neuf livres de sel
par personne.

*D'autres inconvénients ne suivent-ils pas le recouvre-
ment des droits ?*

Oui ; c'en est un très grave que la nécessité de vi-
siter aux frontières, et quelquefois à l'entrée des
villes, les ballots du commerce et les effets des voya-
geurs. Il en résulte des pertes de temps et des dété-
riorations de marchandises. Ce mal devient d'autant
plus grave que les droits sont plus élevés ; ce n'est
qu'alors que les particuliers sont excités à la fraude
et que le fisc est obligé à des rigueurs.

*L'impôt n'a-t-il pas le bon effet de favoriser la produc-
tion, en obligeant les producteurs à un redoublement
d'efforts ?*

Les producteurs ne sont jamais plus excités à produire que par la certitude de jouir sans réserve du
fruit de leurs efforts, et l'impôt ne les en laisse pas
jouir sans réserve. On peut donc conclure qu'il
borne plutôt qu'il n'encourage les efforts de l'industrie.

Quels sont les autres effets de l'impôt?

Quand les droits sont excessifs, ils provoquent
la fraude ; or, la fraude est un tort réel que font les

fraudeurs aux producteurs qui ne le sont pas ; elle oblige le gouvernement à prendre des moyens de répression qui sont odieux, à salarier des armées de commis et de gardes qui augmentent considérablement les frais de recouvrement.

Ne pourrait-on pas obtenir quelques bons effets des contributions, outre les besoins publics qu'elles sont destinées à satisfaire ?

Oui, en les faisant porter sur les consommations mal entendues. C'est l'effet que produisent les impôts sur les objets de luxe et les habitudes contraires à la morale.

Le gouvernement ne rend-il pas au public, par ses dépenses, l'argent qu'il lève sur le public par les contributions ?

Lorsque le gouvernement ou ses agents font des achats avec l'argent qui provient des contributions, ils ne font pas au public un don de cet argent ; ils obtiennent des marchands une valeur égale à celle qu'ils donnent. Ce n'est donc point une restitution qu'ils opèrent. Que penseriez-vous d'un propriétaire foncier qui, après avoir reçu de son fermier le loyer de sa terre, prétendrait lui avoir rendu son fermage, parce qu'il l'aurait employé tout entier à acheter le blé, le beurre, les laines du fermier ? Ceux qui pensent que le gouvernement rend à la nation, par ses dépenses, ce qu'il lève sur la nation par ses contributions, font un raisonnement qui n'est pas moins ridicule.

Cependant le gouvernement, par ses dépenses, rend à la circulation l'argent qu'il a levé.

L'argent qu'il reverse dans la circulation ne vaut pas plus que les objets qu'il achète, en supposant les achats faits selon les prix courants.

Il encourage du moins la production des objets qu'il achète.

Oui ; mais s'il avait laissé cet argent aux contribuables, ceux-ci auraient employé ce même argent à des achats d'où serait résulté un encouragement précisément égal. Cet encouragement se serait même perpétuellement renouvelé, si le contribuable avait employé l'argent à une dépense reproductive. Vous ne pouvez pas avoir oublié que la consommation reproductive favorise la production au même degré que la consommation stérile et que, n'étant autre chose qu'une avance, l'encouragement qui en résulte se renouvelle chaque fois que la rentrée permet de répéter la même avance. Les sommes que l'économie dans les dépenses publiques laisse aux contribuables la possibilité de mettre de côté, deviennent, entre leurs mains, des portions de capital.

CHAPITRE XXX.

Des Emprunts publics [1].

Dans quel but les gouvernements font-ils des emprunts ?

Dans le but de subvenir à des dépenses extraordinaires que les rentrées ordinaires ne suffisent pas à acquitter.

Avec quoi payent-ils les intérêts des emprunts qu'ils font ?

Ils les payent, soit en mettant un nouvel impôt, soit en économisant sur les dépenses ordinaires une somme annuelle suffisante pour payer cet intérêt.

---

[1] Un emprunt suppose l'obligation de rendre la chose empruntée, comme un prêt suppose le droit d'exiger la restitution de la chose prêtée. Or, un gouvernement qui vend des rentes destinées à être payées à perpétuité par les citoyens, ne s'engage pas à en restituer le prix. Ceux qui les achètent peuvent les revendre, mais ils n'acquièrent pas le droit d'exiger de lui le remboursement des sommes qu'ils lui ont payées. On a donc tort de donner le nom d'*emprunt* à une opération qui est une véritable *aliénation*. Dans cette opération, le gouvernement met en effet aux enchères une part plus ou moins grande du revenu des citoyens, et la livre à perpétuité à celui qui en donne le plus haut prix. Celui-ci la revend ensuite en détail.   Ch. C.

Les emprunts publics sont donc un moyen de consommer des capitaux dont les intérêts sont payés par la nation?

Vous les caractérisez bien.

Quels sont les prêteurs?

Les particuliers qui ont des capitaux disponibles, lorsqu'ils supposent au gouvernement emprunteur la volonté et le pouvoir d'acquitter exactement les engagements qu'il contracte envers eux.

Puisque le gouvernement représente la société, et que la société se compose des particuliers, c'est donc, dans les emprunts publics, la société qui se prête à elle-même?

Oui : c'est une partie des particuliers qui prête à la totalité des particuliers, c'est-à-dire à la société ou à son gouvernement.

Quel effet produisent les emprunts publics par rapport à la richesse générale? L'augmentent-ils? La diminuent-ils?

. L'emprunt en lui-même ne l'augmente ni ne la diminue ; c'est une valeur qui passe de la main des particuliers aux mains du gouvernement ; c'est un simple déplacement. Mais comme le principal de l'emprunt, ou, si l'on veut, le capital prêté, est ordinairement consommé à la suite de ce déplacement, les emprunts publics entraînent une consommation improductive, une destruction de capitaux.

Un capital ainsi prêté n'aurait-il pas été consommé de même, s'il fût resté entre les mains des particuliers?

Non ; les particuliers qui ont prêté un capital avaient l'intention de le placer, et non de le consommer. S'ils ne l'eussent pas prêté au gouvernement, ils l'auraient prêté à des gens qui l'auraient fait valoir ; ou bien ils l'auraient fait valoir eux-mêmes ; dès lors ce capital aurait été consommé reproductivement au lieu de l'être improductivement. Si cette portion du capital national servait précédemment à des usages reproductifs, le capital national est diminué de tout le montant du prêt ; si elle était le fruit d'une nouvelle épargne, le capital national n'a pas été accru par cette épargne.

Le revenu total de la nation est-il augmenté ou diminué par les emprunts publics?

Il est diminué, parce que tout capital qui se consomme entraîne la perte du revenu qu'il aurait procuré.

Cependant, ici, le particulier qui prête ne perd point de revenu, puisque le gouvernement lui paye l'intérêt de ses fonds ; or, si le particulier ne perd aucun revenu, qui peut faire cette perte ?

Ceux qui font cette perte sont les contribuables

qui fournissent l'augmen'ation d'impôt dont on paye les intérêts; ce qui occasionne pour eux une dimution de reveuu.

Il me semble que le rentier touchant d'un côté un revenu que le contribuable fournit d'un autre côté, il n'y a aucune portion de revenu perdue, et que l'État a profité du principal de l'emprunt qu'il a consommé.

Vous êtes dans l'erreur ; il y a dans la société un revenu perdu, celui du capital prêté au gouvernement. Si j'avais fait valoir, ou qu'un entrepreneur d'industrie eût fait valoir pour moi un capital de 10,000 francs, j'en aurais retiré un intérêt de 500 francs qui n'aurait rien coûté à personne, puisqu'il serait provenu d'une production de valeur. On ouvre un emprunt et je prête cette somme au gouvernement. Elle ne sert pas, dès lors, à une production de valeur ; elle ne fournit plus de revenu ; et si le gouvernement me paye 500 francs d'intérêt, c'est en forçant des producteurs, agriculteurs, manufacturiers ou négociants, à sacrifier une partie de leurs revenus pour me satisfaire. Au lieu de deux revenus dont la société aurait profité (celui de 500 francs produit par mon capital placé reproductivement, et celui de 500 francs produit par l'industrie du contribuable), il ne reste plus que celui du contribuable que le gouvernement me transfère après avoir consommé à jamais mon capital [1].

Sous quelle forme un gouvernement reçoit-il en général le capitaux qu'on lui prête ?

Il met en vente 3 francs, ou 4 francs, ou 5 francs de rente annuelle, et il vend cette rente au cours que les rentes qu'il a précédemment vendues ont actuellement sur le marché [2]. Dans cette vente qu'il fait, il reçoit un capital d'autant plus considérable que le prix courant des rentes est plus élevé ; lorsque le prix d'une rente de 5 francs est à 100 francs, il reçoit 100 francs de principal pour chaque fois 5 francs de rente qu'il promet de payer ; lorsque le prix d'une rente de 5 francs est à 80 francs, il reçoit seulement 80 francs de principal pour une rente de 5 francs.

Conséquemment, il emprunte à des conditions d'autant meilleures que le prix de la rente est plus

[1] Voyez, dans mon *Traité d'Economie politique*, quatrième édition, liv. III, chap. ix, un tableau synoptique de la marche de ces valeurs.   Ch. C.

[2] Un gouvernement qui vend des rentes pour s'en approprier le prix vend en réalité le revenu des particuliers. Il aliène non seulement les richesses et les facultés industrielles des générations présentes, mais encore celles des générations à venir. Une nation peut être ainsi mise à l'encan et vendue, par les gens qui la gouvernent, aux capitalistes de tous les pays qui se présentent pour enchérir.
                                                    Ch. C.

haut ; et le prix de cette rente est d'autant plus haut,
que les capitaux disponibles sont plus abondants, et
que la confiance dans la solidité des promesses du
gouvernement est mieux établie.

*Quelles sont les principales formes sous lesquelles un
gouvernement paye l'intérêt de ses emprunts?*

Tantôt il paye un intérêt perpétuel du capital prêté
qu'il ne s'oblige pas à rembourser. Les prêteurs
n'ont, dans ce cas, d'autre moyen de recouvrer leur
capital que de vendre leurs créances à d'autres particuliers, dont l'intention est de se substituer à eux.

Tantôt il emprunte à fonds perdu et paye au prêteur
un intérêt viager.

Tantôt il emprunte à charge de rembourser; et il
stipule soit un remboursement pur et simple, par
parties, en un certain nombre d'années, soit un
remboursement par la voie du sort, et auquel sont
quelquefois attachés des lots.

Tantôt il fait des anticipations, c'est à-dire négo-
cie, vend des délégations qu'il donne sur les receveurs des contributions. La perte qu'il fait de l'escompte représente l'intérêt de la somme avancée.

Tantôt il vend des offices publics, et paye un intérêt de la finance fournie. Le titulaire ne rentre dans
son principal qu'en vendant la charge. Souvent le

prix des charges est déguisé sous le nom de caution-
nement.

Toutes ces manières d'emprunter ont pour effet
de retirer des emplois productifs des capitaux qui
sont immédiatement consommés pour un service
public.

*Les gouvernements n'ont-ils pas des moyens de rem-
bourser leurs emprunts, même ceux dont ils ont promis
de payer perpétuellement l'intérêt ?*

Oui, par le moyen de caisses d'amortissement.

Qu'est-ce qu'une caisse d'amortissement ?

Lorsqu'on met sur les peuples un impôt pour
payer les intérêts d'un emprunt, on le met un peu
plus fort qu'il n'est nécessaire pour acquitter ces intérêts ; cet excédent est confié à une caisse spéciale
qu'on nomme *caisse d'amortissement*, et qui l'emploie
à racheter chaque année, au cours de la place, une
partie des rentes payées par l'État. Les arrérages
des rentes achetées par la caisse d'amortissement
sont dès lors versés dans cette caisse, qui les emploie, de même que la portion d'impôt qui lui est
attribuée dans ce but, au rachat d'une nouvelle
quantité de rentes.

Cette manière d'éteindre la dette publique, par

son action progressivement croissante, parviendrait
à éteindre assez rapidement les dettes publiques, si
les fonds des caisses d'amortissement n'étaient jamais détournés pour d'autres emplois, et si la dette
n'était pas alimentée par des emprunts sans cesse
renaissants, qui, dans bien des cas, mettent annuellement sur la place plus de rentes que la caisse
d'amortissement n'en rachète.

Qu'en concluez-vous ?

Qu'une caisse d'amortissement est plutôt un
moyen de soutenir le crédit du gouvernement qu'une
voie pour parvenir au remboursement de la dette
publique; et que le crédit du gouvernement est pour
lui une tentation de consommer des capitaux aux
dépens des contribuables qui demeurent chargés
d'en payer les intérêts.

*Quelle est la situation la plus favorable où puisse être
une nation relativement au crédit public ?*

C'est lorsqu'elle est toujours en état d'emprunter,
et qu'elle n'emprunte jamais.

*L'économie des nations est donc la même que celle des
particuliers ?*

Sans aucun doute. De même que ce serait folie de

croire qu'il peut y avoir deux arithmétiques différentes, une pour les individus, l'autre pour les nations, c'est une déraison que de s'imaginer qu'il peut
y avoir deux économies politiques.

FIN DU CATÉCHISME D'ÉCONOMIE POLITIQUE.

TABLE

III

IV

FIN DE LA TABLE.

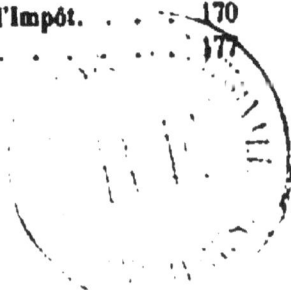

LIBRAIRIE GUILLAUMIN & Cⁱᵉ

Rue Richelieu, 14, à Paris.

ENSEIGNEMENT DE L'ÉCONOMIE POLITIQUE

OUVRAGES ÉLÉMENTAIRES

Catéchisme d'économie politique, par J.-B. Say. 6ᵉ édition. 1 vol. in-18. Prix.................................... 1 fr. 50

Premières notions d'économie politique, sociale ou industrielle, suivies de *Ce qu'on voit et ce qu'on ne voit pas*, par Frédéric Bastiat; de la *Science du Bonhomme Richard*, par Benjamin Franklin, et d'un *Vocabulaire de la langue économique*, etc., par M. Joseph Garnier, de l'Institut, professeur à l'école des ponts et chaussées, rédacteur en chef du *Journal des Économistes*. 5ᵉ édition. 1 vol. in-18. Prix........ 2 fr. 50

Ce qu'on voit et ce qu'on ne voit pas, ou l'Économie politique en une leçon, par F. Bastiat. 5ᵉ édition. Broch. in-16. Prix...................................... 25 c.

Précis élémentaire d'économie politique, par Blanqui, de l'Institut. 3ᵉ édition, suivi du **Résumé de l'histoire du comme·ce**, par le même. 2ᵉ édit. 1 vol. in-18. Prix.. 2 fr. 50

Simples · ,ions de l'ordre social, à l'usage de tout le monde, par A.-E. Cherbuliez, professeur d'économie politique et de droit public. 2ᵉ édition. 1 vol. in-18. Prix.............. 1 fr.

Manuel d'économie politique, par M. H. Baudrillart, membre de l'Institut, ex-professeur au Collège de France. 4ᵉ édition. 1 fort vol. in-18. Prix...................................... 4 fr.
Premier prix Montyon, décerné par l'Académie française.

Traité élémentaire d'économie politique, par Ch. Le Hardy de Beaulieu. 1 fort vol. in-18. Prix..................... 4 fr.

Traité sommaire d'économie politique. par M. J.-G. Cour-celle-Seneuil. 1 vol. in-12. Prix...................... 2 fr.

Traité élémentaire d'économie politique, par M. Pierret. (Ouvrage récompensé par la Société d'économie politique de Lyon). 1 vol. in-18. Prix........................... 3 fr.

Traité élémentaire d'économie politique, par M. H. Rozy, professeur à la Faculté de droit de Toulouse, chargé d'un cours d'économie poitique à l'école normale primaire. (Ouvrage qui a obtenu une récompense au coucours ouvert par la Société d'économie politique de Lyon.) 1 vol. in-18. Prix. 3 fr.

Les bases naturelles de l'économie sociale. Résumé d'un cours public fait à Lyon, par M. H. Dameth, professeur d'éco-nomie politique à Genève. 1 vol. in-18. Prix......... 2 fr. 50

Cours d'économie industrielle à l'école municipale Tur-got. — Instructions graduées, par M. Paul Coq, maître de conférences. 1 vol. in-18. Prix 4 fr.; cartonné.... 4 fr. 50

Manuel populaire de morale et d'économie politique, par M. J.-J. Rapet, inspecteur général de l'instruction pri-maire. 3ᵉ édition. 1 fort vol. in-18. Prix............ 3 fr. 50
    Prix extraordinaire de 10,000 fr. proposé par l'Académie des sciences morales et politiques.

Entretiens d'un fabricant avec ses ouvriers sur l'*Écono-mie politique et la Morale*, par M. A. Rivier, juge au tribunal civil de Grenoble. 1 vol. in-18. Prix................... 3 fr.
    Mention honorable au concours de l'Académie des sciences morales et politiques.

L'ouvrier économiste, ou Gauseries d'économie politique et de morale, par M. d'Armailhac. 2ᵉ édition. 1 vol. in-12. Prix.. 50 c.

Tout par le travail. Manuel de morale et d'économie poli-tique, par A. Leymarie. 2ᵉ édition. 1 vol. in-18. Prix..... 3 fr.

Entretiens populaires sur l'économie politique, par M. Jules Martinelli. 1 vol. in-18. Prix................. 1 fr.

Simples notions d'économie politique, à l'usage de l'enseignement primaire, par M. J.-B. Lescarret. 1 vol. in-18. Prix... 1 fr.

Contes choisis sur l'économie politique, par Miss Harriet Martineau, traduits de l'anglais par M. Maurice, avec une biographie de l'auteur, par M. de Molinari. 2 vol. in-8 Prix... 15 fr.

TRAITÉS GÉNÉRAUX. — HISTOIRE

Traité d'économie politique, par J.-B. Say. 8e édition. 1 vol. in-18. Prix .... 5 fr.

Traité d'économie politique, sociale ou industrielle. Exposé didactique des principes et des applications de cette science, avec les développements sur le crédit, les banques, le libre échange, la protection, l'association, les salaires, par M. Joseph Garnier, membre de l'Institut, professeur à l'école des ponts et chaussées. Adopté dans plusieurs écoles ou universités. 8e édition. 1 très fort volume in-18 de 784 pages. 8e édition. Prix................................... 7 fr. 50

Leçons élémentaires d'économie politique, par M. J.-G. Courcelle-Seneuil. 1 vol. in-12. Prix.................. 2 fr.

Cours complet d'économie politique pratique, par J.-B. Say. 3e édition. 2 beaux volumes gr. in-8. Prix........ 20 fr.

Recherches sur la nature et la cause de la richesse des nations, par Adam Smith. — Nouvelle édition. 2 vol. in-8. Prix .... 16 fr.

Cours d'économie politique, fait au Collège de France, par Rossi. 4e édition. 4 vol. in-8. Prix.................... 30 fr.

Précis de la science économique et de ses principales applications, par A.-E. Cherbuliez, correspondant de l'Institut, professeur à l'École polytechnique fédérale de la Suisse. 2 vol. in-8. Prix .... 15 fr.

Cours d'économie politique, par M. G. de Molinari, ancien professeur au musée de l'industrie belge. 2e édit. 2 vol. in-8. Prix.. 15 fr.

Œuvres choisies de Frédéric Bastiat, comprenant les Sophismes économiques, les Petits Pamphlets et les Harmonies économiques. 3 volumes in-18. Prix. 10 fr. 50

Histoire de l'économie politique, depuis les anciens jusqu'à nos jours, suivie d'une *Bibliographie raisonnée de l'économie politique*, par Blanqui, membre de l'Institut. 3e édit. 2 beaux volumes in-18. Prix................................. 6 fr.

Histoire de l'économie politique. *Les Précurseurs :* Boisguilbert, Vauban, Quesnay, Turgot, par M. Félix Cadet. 1 vol. in-8. Prix... 3 fr.

Histoire de l'économie politique. *Les Précurseurs :* Adam Smith, Franklin, par le même. In-8. Prix........... 1 fr. 75

Pierre de Boisguilbert, précurseurs des économistes, 1646-1714; sa vie, ses travaux, son influence, par le même. 1 vol. in-8. Prix.......... .... 7 fr. 50

Introduction à l'Étude de l'économie politique. Cours public professé à Lyon sous les auspices de la chambre de commerce, par M. Dameth, professeur d'économie politique à l'Académie de Genève. 2e édit. 1 vol. in-8 Prix.... 7 fr. 50

Théorie mathématique de la richesse. — Éléments d'économie politique pure, par M. Léon Walras, professeur d'économie politique à l'université de Lausanne. 1 vol. in-8, en deux parties. Prix......................... 7 fr. 50

Traité théorique et pratique d'économie politique, par M. J.-G. Courcelle-Seneuil. 2e édit. 2 vol. in-8. Prix... 15 fr.

Saint-Denis. — Imprimerie Cu. LAMBERT, 17, rue de Paris.